Dominer le Digital

Stratégies pour réinventer le secteur

Par John Mingam

À Propos

Dominer le Digital : Stratégies pour Réinventer le Secteur est un guide complet conçu pour les leaders d'entreprises, les décideurs publics, et les professionnels de tous horizons qui cherchent à comprendre et à maîtriser les défis et les opportunités de la transformation digitale. Ce livre explore en profondeur les différentes facettes de la digitalisation, depuis ses fondements jusqu'aux tendances futures qui façonneront le monde de demain.

Dans un environnement où la technologie évolue à une vitesse fulgurante, il est crucial de saisir les enjeux de la digitalisation pour rester compétitif et pertinent. Ce livre vise à fournir des outils pratiques, des stratégies éprouvées, et des études de cas inspirantes pour aider les entreprises et les administrations publiques à naviguer dans la complexité de la transformation digitale.

Le principal objectif de ce livre est de démystifier la digitalisation et de fournir un cadre clair et applicable pour ceux qui souhaitent entreprendre ou améliorer leur transformation digitale. En abordant des sujets allant de l'automatisation des processus internes à la gestion de la relation client, en passant par l'importance de l'innovation technologique et la responsabilité sociale, ce livre offre une vision holistique de la manière dont la digitalisation peut être utilisée pour stimuler la croissance, améliorer l'efficacité, et créer de la valeur.

Ce livre est divisé en dix chapitres, chacun abordant un aspect spécifique de la transformation digitale. Les premiers chapitres posent les bases de la digitalisation, en expliquant ce qu'elle implique et en explorant son histoire et ses moteurs. Les chapitres suivants se concentrent sur les fondations nécessaires à une transformation digitale réussie, y compris la vision stratégique, l'audit digital, et la planification.

Il explore ensuite des domaines spécifiques de la digitalisation, tels que l'automatisation des processus internes, la transformation digitale des ressources humaines, et la digitalisation de la relation client. Il aborde également les défis spécifiques liés à la digitalisation dans les secteurs privé et public, avant de se tourner vers les tendances futures qui façonneront la digitalisation dans les années à venir.

Dominer le Digital : Stratégies pour Réinventer le Secteur est un outil indispensable pour quiconque cherche à comprendre la digitalisation et à l'utiliser pour transformer leur organisation. Que vous soyez à la tête d'une grande entreprise, d'une PME, ou d'une administration publique, ce livre vous offre les connaissances et les stratégies nécessaires pour naviguer dans un monde en pleine mutation digitale.

Introduction

Bienvenue dans l'arène où le pouvoir se conquiert, où le succès se construit et où chaque décision peut redéfinir le destin d'une entreprise. Vous vous apprêtez à entrer dans un monde où la digitalisation n'est pas seulement une tendance, mais une révolution implacable, redéfinissant les règles du jeu pour chaque organisation, qu'elle soit publique ou privée.

Le digital est bien plus qu'une simple évolution technologique. C'est un bouleversement profond, un changement de paradigme qui transforme la façon dont nous concevons les affaires, la communication, et les interactions humaines. Dans ce nouveau paysage, l'agilité, l'innovation et une vision stratégique sont devenues les armes indispensables pour survivre et prospérer. Et soyons clairs : seuls les plus audacieux, ceux qui sont prêts à embrasser ce changement avec détermination, réussiront.

Ce livre n'est pas un manuel ordinaire. Il est conçu pour les leaders, les visionnaires, les acteurs du changement qui comprennent que rester pertinent dans l'économie numérique nécessite plus que de simples ajustements. Il nécessite une réinvention totale, un repositionnement stratégique où chaque décision est prise avec un seul objectif en tête : dominer.

Nous commencerons par décomposer la digitalisation en ses éléments essentiels, pour vous permettre de comprendre pleinement ce que signifie être digital dans le monde d'aujourd'hui. Vous apprendrez à différencier la digitalisation de la transformation numérique, à saisir l'impact profond qu'elle peut avoir sur une entreprise, et à identifier les forces motrices derrière ce phénomène.

Ensuite, nous plongerons dans les fondations mêmes de la transformation digitale. Développer une vision stratégique forte, mener un audit digital complet de votre organisation, et élaborer une roadmap claire seront vos premières étapes pour orchestrer un changement véritable. Vous comprendrez que sans une vision audacieuse et un plan d'action précis, la digitalisation n'est qu'un mot à la mode, vide de sens.

Mais ce livre va au-delà des bases. Nous explorerons comment la digitalisation peut transformer vos processus internes, de l'automatisation à l'efficacité opérationnelle, en passant par la réinvention des ressources humaines et la gestion financière. Chaque chapitre est conçu pour vous fournir des stratégies pratiques et des études de cas réels, vous montrant comment des entreprises comme la vôtre ont réussi à non seulement s'adapter, mais à exceller dans cet environnement en constante évolution.

La relation client est au cœur de cette transformation. Vous découvrirez comment le CRM, le marketing digital, et une expérience client impeccable peuvent devenir vos meilleurs alliés dans ce voyage. Il ne s'agit pas seulement de suivre les tendances, mais de les définir, de les façonner selon vos propres règles.

La communication digitale, quant à elle, est votre voix dans ce monde hyperconnecté. Nous vous montrerons comment élaborer des stratégies percutantes, gérer votre e-réputation avec une main de fer, et répondre aux crises avec la précision d'un maître stratège.

Enfin, nous n'oublierons pas les technologies émergentes et l'innovation. De l'IA au Big Data, de la blockchain à l'IoT, vous découvrirez comment ces outils peuvent devenir vos leviers pour propulser votre organisation vers de nouveaux sommets.

Ce livre est plus qu'une simple lecture; c'est votre guide pour réinventer l'avenir. Si vous êtes prêt à prendre le contrôle, à défier les conventions, et à dominer le digital, alors chaque page de ce livre vous rapprochera de cet objectif. Le pouvoir de transformer le secteur public et privé est à votre portée. Êtes-vous prêt à le saisir ?

Chapitre 1 : Comprendre la Digitalisation

1.1. Qu'est-ce que la Digitalisation ?

La digitalisation est un concept fondamental qui façonne le monde moderne, influençant profondément les entreprises, les gouvernements, et la société en général. Pourtant, malgré son omniprésence, la digitalisation est souvent mal comprise ou réduite à un simple passage au numérique. Pour bien saisir l'ampleur de ce phénomène, il est essentiel de plonger dans ses différentes dimensions et d'en comprendre les implications pour les entreprises privées et publiques.

Définition de la Digitalisation

La digitalisation peut être définie comme le processus par lequel une organisation intègre les technologies digitales dans l'ensemble de ses opérations. Cela ne se limite pas à l'automatisation des tâches ou à l'utilisation de logiciels plus performants ; il s'agit d'une transformation en profondeur qui touche à la fois les processus internes, les produits ou services offerts, et les relations avec les clients, les partenaires, et les employés.

L'adoption des technologies digitales transforme non seulement la manière dont les tâches sont accomplies, mais elle redéfinit également les modèles d'affaires, les flux de travail, et les méthodes de création de valeur. Par exemple, une entreprise qui passe de la vente de produits physiques à l'offre de services digitaux par abonnement modifie fondamentalement sa relation avec ses clients et ses sources de revenus.

Cette transformation digitale englobe plusieurs aspects clés :

1. **Numérisation des processus** : Automatisation des tâches répétitives, optimisation des flux de travail, et réduction des

erreurs humaines grâce à l'utilisation de logiciels et d'outils numériques.

2. **Amélioration de l'expérience client** : Utilisation des données clients pour offrir des services personnalisés, amélioration de l'interaction à travers des canaux digitaux, et réponse rapide aux demandes des clients.

3. **Innovation dans les produits et services** : Création de nouveaux produits ou services basés sur la technologie, tels que les applications mobiles, les plateformes en ligne, ou les objets connectés.

4. **Transformation des modèles d'affaires** : Adoption de modèles économiques disruptifs, tels que l'économie de l'abonnement, les plateformes de marché en ligne, ou les services à la demande.

5. **Culture d'entreprise et gestion du changement** : Encouragement de l'innovation, adoption d'une culture agile, et gestion de la résistance au changement parmi les employés.

En essence, la digitalisation n'est pas un processus linéaire ou uniforme. Elle est contextuelle, dépendant des spécificités de l'organisation, de son secteur d'activité, et de sa vision stratégique. Par conséquent, chaque entreprise doit aborder la digitalisation d'une manière qui reflète ses objectifs uniques et sa culture d'entreprise.

Différence entre Digitalisation et Transformation Numérique

Il est crucial de distinguer la digitalisation de la transformation numérique, bien que ces termes soient souvent utilisés de manière interchangeable. La digitalisation fait référence à l'intégration des technologies digitales dans les processus existants pour les rendre plus efficaces. Par exemple, remplacer les formulaires papier par des formulaires électroniques est une forme de digitalisation. Ce processus améliore l'efficacité, réduit les coûts, et minimise les erreurs, mais il ne change pas fondamentalement la manière dont l'entreprise opère.

En revanche, la transformation numérique va au-delà de la simple adoption de nouvelles technologies. Elle implique une réinvention complète de l'entreprise, y compris ses modèles d'affaires, sa culture organisationnelle, et ses relations avec les parties prenantes. Une transformation numérique réussie utilise la technologie non seulement pour améliorer les processus existants, mais aussi pour explorer de nouvelles opportunités commerciales, créer de nouvelles propositions de valeur, et entrer sur de nouveaux marchés.

Par exemple, une entreprise manufacturière qui adopte la digitalisation pourrait simplement automatiser ses chaînes de production pour accroître l'efficacité. Cependant, si elle s'engage dans une transformation numérique, elle pourrait également introduire de nouveaux modèles d'affaires basés sur l'Internet des objets (IoT), offrant des services de maintenance prédictive basés sur les données en temps réel collectées par ses machines connectées. Ce changement fondamental transforme la relation de l'entreprise avec ses clients, passant de la simple vente de produits à la fourniture de services continus basés sur des données.

Ainsi, la digitalisation est souvent considérée comme une première étape vers la transformation numérique. Alors que la digitalisation améliore les processus existants, la transformation numérique repense radicalement ces processus et les modèles d'affaires pour tirer pleinement parti des opportunités offertes par les technologies digitales.

Impact de la Digitalisation sur les Entreprises Privées

La digitalisation a un impact significatif sur les entreprises privées, modifiant profondément la manière dont elles fonctionnent, interagissent avec leurs clients, et créent de la valeur. Pour beaucoup d'entreprises, la digitalisation est devenue une condition sine qua non pour rester compétitif dans un environnement de marché en constante évolution.

Un des principaux impacts de la digitalisation est l'amélioration de l'efficacité opérationnelle. Les entreprises qui adoptent des technologies digitales peuvent automatiser de nombreuses tâches répétitives, réduire les erreurs humaines, et optimiser leurs processus de bout en bout. Par exemple, l'automatisation des chaînes d'approvisionnement grâce à l'utilisation de logiciels avancés permet de réduire les délais de livraison, de minimiser les coûts, et d'améliorer la satisfaction client.

De plus, la digitalisation permet aux entreprises d'explorer de nouveaux modèles d'affaires et de sources de revenus. Par exemple, de nombreuses entreprises de médias traditionnelles ont dû adopter des modèles de distribution digitale pour survivre à l'émergence des plateformes de streaming. De même, les détaillants qui adoptent le commerce en ligne peuvent atteindre un public plus large et personnaliser leurs offres grâce à l'analyse des données clients.

Cependant, la digitalisation présente également des défis pour les entreprises privées. L'adoption de nouvelles technologies nécessite des investissements importants, non seulement en termes de matériel et de logiciels, mais aussi en termes de formation des employés et de gestion du changement. De plus, les entreprises doivent naviguer dans un environnement réglementaire de plus en plus complexe, où la protection des données et la confidentialité sont des préoccupations majeures.

Impact de la Digitalisation sur le Secteur Public

Le secteur public n'échappe pas aux impacts de la digitalisation. En fait, pour de nombreux gouvernements, la digitalisation est devenue un élément clé des réformes visant à améliorer l'efficacité, la transparence, et l'accès aux services publics. La digitalisation permet aux administrations publiques de moderniser leurs infrastructures, de rationaliser les processus bureaucratiques, et de mieux répondre aux besoins des citoyens.

Un des exemples les plus visibles de la digitalisation dans le secteur public est la dématérialisation des services administratifs. De plus en plus de gouvernements adoptent des plateformes en ligne pour offrir des services tels que la déclaration des impôts, l'inscription électorale, ou le renouvellement des documents officiels. Ces initiatives permettent non seulement de réduire les coûts administratifs, mais aussi de rendre ces services plus accessibles, notamment pour les personnes vivant dans des zones rurales ou éloignées.

La digitalisation peut également améliorer la transparence et la responsabilité des gouvernements. Par exemple, l'utilisation des technologies de la blockchain pour le suivi des fonds publics permet de garantir que les budgets sont utilisés de manière appropriée et de réduire la corruption. De même, les plateformes de participation citoyenne en ligne permettent aux citoyens de s'impliquer davantage dans le processus décisionnel, renforçant ainsi la démocratie participative.

Cependant, la digitalisation dans le secteur public présente également des défis. L'un des principaux défis est la gestion de la cybersécurité. Les administrations publiques gèrent souvent des informations sensibles, et une violation de la sécurité pourrait avoir des conséquences graves pour les citoyens. De plus, les gouvernements doivent naviguer dans un paysage technologique en rapide évolution, où les nouvelles technologies apparaissent constamment, ce qui rend difficile l'élaboration de stratégies à long terme.

En résumé, la digitalisation est un processus complexe qui va bien au-delà de l'adoption de nouvelles technologies. Elle implique une transformation en profondeur des processus, des modèles d'affaires, et des relations avec les parties prenantes, tant dans le secteur privé que public. La distinction entre digitalisation et transformation numérique est essentielle pour comprendre comment les entreprises et les gouvernements peuvent tirer parti des technologies digitales pour rester compétitifs et répondre aux attentes croissantes des consommateurs et des citoyens.

La digitalisation offre de nombreuses opportunités, mais elle présente également des défis. Pour réussir, les organisations doivent adopter une approche stratégique qui prend en compte non seulement les aspects technologiques, mais aussi les dimensions humaines, organisationnelles et culturelles. En naviguant avec soin à travers ces défis, les entreprises et les gouvernements peuvent maximiser les avantages de la digitalisation et se préparer à un avenir de plus en plus digitalisé.

1.2. Les Forces Motrices de la Digitalisation

La digitalisation est un phénomène mondial qui ne se produit pas en vase clos. Elle est alimentée par un ensemble de forces motrices interconnectées qui transforment les entreprises, les industries et les sociétés dans leur ensemble. Comprendre ces forces est essentiel pour saisir les dynamiques qui sous-tendent la digitalisation et pour élaborer des stratégies efficaces qui permettent aux entreprises de naviguer dans ce paysage complexe. Ces forces peuvent être classées en trois grandes catégories : économiques, technologiques, et sociales.

Forces Économiques : Compétitivité et Efficacité

Dans un monde de plus en plus globalisé, la pression pour rester compétitif et efficace est l'une des principales forces qui pousse les entreprises à adopter la digitalisation. La mondialisation a ouvert les marchés, mais elle a également intensifié la concurrence. Les entreprises ne rivalisent plus seulement avec des acteurs locaux, mais doivent désormais se mesurer à des entreprises du monde entier. Dans ce contexte, la digitalisation offre une opportunité unique pour se différencier, réduire les coûts, et améliorer la réactivité.

L'un des principaux avantages économiques de la digitalisation est l'amélioration de l'efficacité opérationnelle. En automatisant les tâches répétitives et en optimisant les processus, les entreprises peuvent réduire les erreurs, accélérer les cycles de production, et améliorer la qualité des produits ou services. Par exemple, l'automatisation des chaînes d'approvisionnement grâce à l'intelligence artificielle et au Big Data permet de mieux anticiper la demande, de gérer les stocks de manière plus efficace, et de réduire les délais de livraison. Ces gains d'efficacité se traduisent directement par une réduction des coûts et une amélioration de la compétitivité.

En outre, la digitalisation permet aux entreprises d'explorer de nouvelles sources de revenus en adoptant des modèles d'affaires numériques. Le commerce électronique, les services basés sur le cloud, et les abonnements numériques sont autant de nouveaux modèles économiques qui ont émergé grâce à la digitalisation. Par exemple, les entreprises de logiciels qui vendaient autrefois des licences permanentes ont adopté des modèles de distribution basés sur l'abonnement, offrant des mises à jour continues et des services supplémentaires en échange de frais mensuels ou annuels. Ce passage à un modèle de revenus récurrents a non seulement stabilisé les revenus, mais a également créé de nouvelles opportunités pour l'innovation et la personnalisation.

Cependant, la digitalisation présente également des défis économiques. Les entreprises doivent investir dans de nouvelles technologies, former leurs employés, et gérer la transition vers des modèles d'affaires numériques. Ces investissements peuvent être coûteux et risqués, en particulier pour les petites et moyennes entreprises qui ne disposent pas des mêmes ressources que les grandes multinationales. De plus, la digitalisation peut créer une pression accrue pour innover constamment, car les cycles de vie des produits deviennent de plus en plus courts et les attentes des clients évoluent rapidement.

Forces Technologiques : L'Innovation Accélérée

Les progrès technologiques sont au cœur de la digitalisation. Chaque nouvelle vague d'innovation technologique ouvre de nouvelles possibilités pour les entreprises et les pousse à réévaluer leurs stratégies et leurs modèles d'affaires. Parmi les technologies les plus influentes qui alimentent la digitalisation, on peut citer l'intelligence artificielle (IA), le Big Data, la blockchain, et l'Internet des objets (IoT).

Intelligence Artificielle (IA) et Big Data

L'intelligence artificielle est l'une des technologies les plus transformatrices de notre époque. Elle permet aux entreprises de traiter des volumes massifs de données, d'automatiser des tâches complexes, et de créer des expériences client hautement personnalisées. Par exemple, les algorithmes de machine learning peuvent analyser les comportements d'achat des clients pour recommander des produits ou services personnalisés, augmentant ainsi les taux de conversion et la satisfaction client.

Le Big Data, de son côté, fournit la matière première pour l'IA. Les entreprises collectent et analysent d'immenses volumes de données provenant de diverses sources, telles que les réseaux sociaux, les transactions en ligne, et les capteurs IoT. Ces données permettent aux entreprises de prendre des décisions plus éclairées, d'optimiser leurs opérations, et de mieux comprendre leurs clients. Par exemple, les entreprises de commerce en ligne utilisent le Big Data pour analyser les tendances d'achat, prédire la demande, et gérer les stocks en temps réel.

Cependant, l'utilisation de l'IA et du Big Data pose également des défis. Les entreprises doivent gérer des problèmes complexes de confidentialité et de sécurité des données, ainsi que des questions éthiques liées à l'utilisation de l'IA. De plus, la mise en œuvre de ces technologies nécessite des compétences spécialisées et des investissements importants dans les infrastructures informatiques.

Blockchain et Sécurité

La blockchain est une autre technologie clé qui alimente la digitalisation. Elle offre une solution sécurisée et transparente pour les transactions numériques, en permettant l'enregistrement immuable des données sur un réseau décentralisé. Cette technologie est particulièrement utile dans les secteurs où la sécurité et la transparence sont cruciales, tels que la finance, la logistique, et la gestion des chaînes d'approvisionnement.

Par exemple, dans l'industrie alimentaire, la blockchain permet de suivre l'origine et le parcours des produits depuis la ferme jusqu'au consommateur final. Cela non seulement améliore la traçabilité et la sécurité alimentaire, mais permet également aux entreprises de répondre rapidement en cas de problème, comme un rappel de produit. De même, dans le secteur financier, la blockchain est utilisée pour sécuriser les transactions et réduire le risque de fraude.

Cependant, la blockchain n'est pas sans défis. La technologie est encore relativement nouvelle, et son adoption à grande échelle nécessite des changements importants dans les infrastructures et les processus existants. De plus, la blockchain pose des questions de réglementation et de gouvernance, car elle remet en question les structures de pouvoir traditionnelles et les rôles des intermédiaires.

Internet des Objets (IoT)

L'Internet des objets est une autre force technologique majeure qui alimente la digitalisation. Le IoT connecte des appareils physiques à Internet, permettant la collecte de données en temps réel et l'automatisation des processus. Par exemple, dans l'industrie manufacturière, les capteurs IoT peuvent surveiller les machines en temps réel, détecter les problèmes avant qu'ils ne provoquent des pannes, et optimiser l'entretien des équipements.

De plus, le IoT ouvre de nouvelles opportunités pour la création de produits et services intelligents. Par exemple, les maisons intelligentes équipées de thermostats connectés, d'éclairages automatiques, et de systèmes de sécurité intégrés permettent aux consommateurs de contrôler leur environnement domestique à distance via des applications mobiles. De même, dans le secteur de la santé, les dispositifs médicaux connectés permettent aux médecins de surveiller en continu l'état de santé des patients à distance, améliorant ainsi la qualité des soins et réduisant les coûts.

Cependant, le IoT présente également des défis en matière de sécurité et de gestion des données. La multiplication des appareils connectés augmente la surface d'attaque potentielle pour les cybercriminels, et la gestion des données générées par ces appareils nécessite des solutions de stockage et d'analyse avancées.

Forces Sociales : Évolution des Comportements et Attentes

La digitalisation est également alimentée par des changements sociaux profonds qui modifient les attentes et les comportements des consommateurs. Les avancées technologiques, combinées à l'omniprésence des dispositifs connectés, ont transformé la manière dont les individus interagissent avec les entreprises, accèdent à l'information, et consomment des produits et services.

L'Impact des Réseaux Sociaux

Les réseaux sociaux ont radicalement changé la manière dont les entreprises communiquent avec leurs clients. Ils offrent une plateforme puissante pour le marketing, la gestion de la relation client, et la construction de la marque. Les entreprises peuvent interagir directement avec leurs clients, répondre à leurs questions en temps réel, et diffuser des campagnes publicitaires ciblées.

Les réseaux sociaux permettent également aux consommateurs de partager leurs opinions et expériences avec un large public, amplifiant ainsi la voix des clients. Cela a conduit à une plus grande transparence et à une responsabilité accrue pour les entreprises, qui doivent maintenant être prêtes à répondre rapidement et efficacement aux critiques et aux préoccupations des clients.

Cependant, la gestion des réseaux sociaux pose également des défis. Les entreprises doivent être vigilantes quant à la protection de leur image de marque en ligne et à la gestion de leur e-réputation. Une mauvaise gestion des réseaux sociaux peut rapidement conduire à une crise de communication, nuisant à la réputation de l'entreprise.

Les Attentes des Consommateurs à l'Ère Digitale

Les consommateurs d'aujourd'hui sont plus connectés, mieux informés, et plus exigeants que jamais. Ils attendent des expériences client personnalisées, une réponse rapide à leurs demandes, et une transparence totale de la part des entreprises. De plus, ils sont de plus en plus préoccupés par des questions telles que la protection de la vie privée, la sécurité des données, et l'impact environnemental des produits qu'ils consomment.

Pour répondre à ces attentes, les entreprises doivent adopter une approche centrée sur le client, en utilisant les technologies digitales pour offrir des expériences cohérentes et engageantes sur tous les points de contact. Par exemple, les détaillants en ligne utilisent des algorithmes pour recommander des produits basés sur les préférences et les comportements d'achat des clients, améliorant ainsi l'expérience de shopping en ligne.

Cependant, répondre aux attentes des consommateurs à l'ère digitale présente également des défis. Les entreprises doivent naviguer dans un paysage réglementaire complexe, où des lois telles que le Règlement Général sur la Protection des Données (RGPD) imposent des exigences strictes en matière de collecte, de stockage, et de traitement des données personnelles.

L'Importance de l'Innovation dans la Digitalisation

L'innovation est au cœur de la digitalisation. Les entreprises qui réussissent à tirer parti des forces économiques, technologiques, et sociales pour se transformer sont celles qui placent l'innovation au centre de leur stratégie. L'innovation ne se limite pas à l'adoption de nouvelles technologies ; elle implique également la réinvention des processus, la création de nouveaux modèles d'affaires, et la transformation de la culture d'entreprise.

Les entreprises qui réussissent leur digitalisation sont celles qui adoptent une culture de l'innovation, encouragent l'expérimentation, et acceptent l'échec comme une opportunité d'apprentissage. Elles investissent dans la formation continue de leurs employés, adoptent des approches agiles, et favorisent la collaboration entre les équipes pour stimuler la créativité et l'innovation.

Cependant, l'innovation digitale présente également des défis. Les entreprises doivent être prêtes à gérer le changement, à surmonter la résistance interne, et à faire face à l'incertitude. De plus, elles doivent être capables de mesurer l'impact de leurs initiatives d'innovation et d'ajuster leur stratégie en fonction des résultats obtenus.

Les forces motrices de la digitalisation sont multiples et interconnectées. Elles créent un environnement où les entreprises doivent constamment s'adapter, innover, et repenser leur approche pour rester compétitives. Les forces économiques, technologiques, et sociales changent à un rythme effréné, et seules les entreprises capables d'embrasser l'innovation et de repenser leur approche de manière proactive parviendront à dominer le digital.

La digitalisation offre de nombreuses opportunités, mais elle présente également des défis. Pour réussir, les entreprises doivent adopter une approche stratégique, investir dans les bonnes technologies, et développer une culture de l'innovation qui les prépare à affronter les défis de demain. En comprenant les forces motrices de la digitalisation, les entreprises peuvent naviguer avec succès dans cette ère de transformation rapide et se positionner pour un avenir prospère.

1.3. La Digitalisation à travers l'Histoire

La digitalisation, telle que nous la connaissons aujourd'hui, est le résultat d'une évolution progressive qui a commencé bien avant l'ère numérique moderne. Comprendre cette évolution permet non seulement de saisir l'ampleur des transformations actuelles, mais aussi de mieux anticiper les tendances futures. Cette section retrace les étapes clés de l'histoire de la digitalisation, en mettant en lumière les moments décisifs qui ont façonné le paysage digital actuel.

Les Premiers Systèmes Informatiques et l'Automatisation des Tâches

Le voyage vers la digitalisation moderne a véritablement commencé dans les années 1940 et 1950 avec l'invention des premiers ordinateurs. Ces machines, bien que rudimentaires,

représentaient une avancée majeure, car elles permettaient
d'automatiser des tâches répétitives et de traiter des volumes de
données beaucoup plus importants que ce que l'humain pouvait
accomplir manuellement. Les premiers systèmes informatiques
étaient principalement utilisés par les gouvernements et les grandes
entreprises pour des applications spécifiques, telles que le calcul
des paies ou la gestion des stocks.

À cette époque, les ordinateurs étaient énormes, coûteux et
complexes à utiliser. Cependant, leur capacité à accélérer les
processus et à réduire les erreurs humaines a rapidement suscité
l'intérêt des organisations à la recherche d'efficacité et de précision.
Le calcul automatique des salaires, par exemple, a permis de
libérer du temps pour les employés des services financiers, qui
pouvaient alors se concentrer sur des tâches à plus forte valeur
ajoutée.

L'Ère de l'Internet : Un Nouveau Paradigme de Communication

L'arrivée de l'internet dans les années 1990 a marqué une étape
cruciale dans l'histoire de la digitalisation. Ce nouveau réseau
mondial a révolutionné la manière dont les entreprises et les
individus communiquaient, échangeaient des informations et
menaient des affaires. Pour la première fois, les entreprises
pouvaient accéder à des marchés mondiaux en quelques clics,
collaborer en temps réel avec des partenaires situés à l'autre bout
du monde, et offrir des services numériques qui étaient autrefois
impensables.

L'internet a également donné naissance à de nouveaux modèles
d'affaires, tels que le commerce électronique, qui ont transformé
des industries entières. Les entreprises comme Amazon, eBay et
Google sont devenues des pionnières de cette nouvelle ère, en
construisant leurs empires sur des infrastructures digitales qui leur
permettaient de croître rapidement et de dominer leurs marchés
respectifs.

L'un des aspects les plus révolutionnaires de l'internet a été sa capacité à réduire les barrières à l'entrée pour les nouvelles entreprises. N'importe quelle entreprise, aussi petite soit-elle, pouvait désormais créer un site web, vendre ses produits en ligne, et atteindre une audience mondiale sans avoir besoin d'investissements massifs dans des infrastructures physiques. Cela a ouvert la voie à une nouvelle vague d'entrepreneurs et a intensifié la concurrence dans de nombreux secteurs.

La Montée en Puissance du Mobile : L'Ère des Applications

Au début des années 2000, une autre révolution digitale a pris forme avec l'essor des technologies mobiles. Les smartphones et les tablettes sont devenus omniprésents, changeant fondamentalement la manière dont les gens accédaient à l'information, interagissaient avec les entreprises, et consommaient des produits et services. L'avènement des applications mobiles a permis aux entreprises de se rapprocher de leurs clients, en offrant des services personnalisés, accessibles à tout moment et en tout lieu.

Les applications mobiles ont également permis aux entreprises de collecter des données en temps réel sur les comportements des utilisateurs, offrant ainsi des insights précieux pour l'amélioration des produits et des services. Par exemple, les applications de fitness collectent des données sur les habitudes d'entraînement des utilisateurs et leur offrent des conseils personnalisés pour améliorer leur performance. De même, les applications bancaires permettent aux utilisateurs de gérer leurs finances à distance, offrant une commodité sans précédent.

Cependant, la montée en puissance des technologies mobiles a également posé de nouveaux défis pour les entreprises. La nécessité de développer et de maintenir des applications mobiles efficaces a créé une demande croissante pour des compétences en développement de logiciels, en expérience utilisateur, et en cybersécurité. De plus, les entreprises ont dû adapter leurs modèles d'affaires pour répondre aux attentes croissantes des consommateurs en matière de commodité et de personnalisation.

L'Explosion du Big Data et de l'Intelligence Artificielle

Au cours de la dernière décennie, la digitalisation a été profondément influencée par l'explosion des données et l'essor de l'intelligence artificielle (IA). Les entreprises collectent désormais des volumes massifs de données provenant de diverses sources, telles que les réseaux sociaux, les capteurs IoT, et les transactions en ligne. Ces données, souvent appelées Big Data, sont devenues une ressource précieuse pour les entreprises qui cherchent à mieux comprendre leurs clients, à optimiser leurs opérations, et à prendre des décisions plus éclairées.

L'intelligence artificielle, quant à elle, a permis de transformer ces données brutes en insights exploitables. Les algorithmes d'IA peuvent analyser des millions de points de données en temps réel, identifier des modèles cachés, et faire des prédictions précises sur les tendances futures. Par exemple, les algorithmes de recommandation utilisés par les plateformes de streaming, comme Netflix et Spotify, sont capables de suggérer des contenus personnalisés en fonction des préférences et des comportements passés des utilisateurs.

L'intégration du Big Data et de l'IA dans les stratégies d'entreprise a non seulement permis d'améliorer l'efficacité opérationnelle, mais elle a également ouvert la voie à de nouveaux modèles d'affaires. Les entreprises peuvent désormais offrir des services hyper-personnalisés, automatiser des tâches complexes, et explorer de nouvelles opportunités de revenus basées sur l'analyse prédictive. Cependant, l'utilisation croissante de l'IA et du Big Data soulève également des questions éthiques et juridiques, en particulier en ce qui concerne la confidentialité des données et la prise de décisions automatisée.

Étapes Majeures de la Transformation Digitale

Au fil des décennies, plusieurs étapes majeures ont marqué la transformation digitale des entreprises. Voici quelques-unes des étapes les plus significatives :

1. **L'Automatisation Initiale** : Les premiers systèmes informatiques ont permis aux entreprises de commencer à automatiser des tâches répétitives, marquant ainsi le début de la digitalisation.

2. **La Numérisation des Données** : Le passage du papier au numérique a été une étape clé qui a permis aux entreprises de gérer les informations de manière plus efficace et sécurisée.

3. **L'Adoption de l'Internet** : L'arrivée de l'internet a transformé les communications, le commerce, et les modèles d'affaires, permettant aux entreprises de se connecter à un réseau mondial.

4. **La Révolution Mobile** : Les technologies mobiles ont rapproché les entreprises de leurs clients, en rendant les services accessibles à tout moment, n'importe où.

5. **Le Big Data et l'IA** : L'intégration du Big Data et de l'intelligence artificielle a permis aux entreprises de tirer parti des données pour prendre des décisions plus éclairées et offrir des services personnalisés.

La digitalisation est un processus en constante évolution, façonné par des innovations technologiques successives et des changements sociétaux. Chaque étape de cette évolution a apporté son lot de défis et d'opportunités, transformant progressivement la manière dont les entreprises fonctionnent, interagissent avec leurs clients, et créent de la valeur. En retraçant cette histoire, il devient clair que la digitalisation est bien plus qu'une simple adoption de technologies ; c'est une transformation profonde qui redéfinit les fondements mêmes des modèles d'affaires et des relations économiques.

Comprendre l'histoire de la digitalisation permet non seulement de mieux appréhender le présent, mais aussi de préparer l'avenir. Alors que de nouvelles technologies continuent d'émerger, les entreprises doivent rester vigilantes, prêtes à s'adapter et à innover pour maintenir leur compétitivité dans un monde de plus en plus digitalisé.

Chapitre 2 : Les Fondations de la Transformation Digitale

2.1. L'Importance d'une Vision Stratégique

Dans le cadre de toute transformation digitale réussie, une vision stratégique claire est essentielle. Cette vision sert de boussole, guidant l'organisation à travers les complexités de la transformation, en assurant que tous les efforts sont alignés vers un objectif commun. Sans une vision claire, les initiatives de transformation risquent de manquer de cohérence, de se disperser, et finalement de ne pas aboutir aux résultats escomptés.

Définir une Vision Stratégique pour la Transformation Digitale

Une vision stratégique pour la transformation digitale doit articuler l'orientation future de l'entreprise dans un environnement de plus en plus numérique. Cette vision doit être ambitieuse, mais aussi réaliste, reflétant à la fois les aspirations de l'entreprise et les défis du marché. Elle doit fournir une réponse claire aux questions suivantes : Où voulons-nous aller ? Pourquoi cette direction est-elle importante ? Comment allons-nous y parvenir ?

Le processus de définition de cette vision commence par une analyse approfondie du contexte externe et interne. Cela inclut une évaluation des tendances du marché, des attentes des clients, et des capacités technologiques disponibles, ainsi qu'une compréhension des forces et faiblesses de l'entreprise. Cette analyse doit être suivie d'une réflexion stratégique qui aboutit à une déclaration de vision qui guide l'ensemble des initiatives digitales de l'entreprise.

Les Composants Clés d'une Vision Stratégique

Une vision stratégique efficace pour la transformation digitale doit inclure plusieurs composants clés :

1. **Un Objectif Clair** : La vision doit définir clairement ce que l'entreprise cherche à accomplir grâce à la transformation digitale. Cela peut inclure des objectifs tels que l'amélioration de l'efficacité opérationnelle, l'augmentation de la satisfaction client, ou l'expansion dans de nouveaux marchés numériques.

2. **Un Focus sur l'Innovation** : La transformation digitale nécessite souvent l'adoption de nouvelles technologies et de nouveaux modèles d'affaires. La vision doit encourager l'innovation, en créant un environnement où les employés sont encouragés à expérimenter et à proposer de nouvelles idées.

3. **Un Engagement envers le Changement Culturel** : La transformation digitale n'est pas seulement une question de technologie ; elle implique également un changement culturel au sein de l'organisation. La vision doit refléter cet engagement envers une culture d'entreprise agile, où la collaboration, l'apprentissage continu, et l'adaptabilité sont valorisés.

4. **Une Perspective à Long Terme** : La transformation digitale est un processus continu, et non un projet ponctuel. La vision doit avoir une perspective à long terme, avec une feuille de route claire pour les années à venir, qui intègre la flexibilité nécessaire pour s'adapter aux évolutions du marché et des technologies.

Exemples de Visions Digitales Réussies

De nombreuses entreprises ont réussi leur transformation digitale en articulant une vision stratégique forte. Par exemple, la vision de Nike de devenir une entreprise dirigée par l'innovation numérique a conduit à la création d'écosystèmes numériques robustes, y compris des applications de fitness connectées et des services de personnalisation en ligne, qui ont renforcé la relation de la marque avec ses clients.

Un autre exemple est celui de General Electric (GE), qui a transformé son modèle d'affaires pour devenir une "entreprise digitale industrielle". Sa vision consistait à intégrer les technologies digitales dans ses produits et services traditionnels, créant ainsi des solutions basées sur l'Internet des objets pour améliorer l'efficacité industrielle.

Les Défis de la Définition d'une Vision Stratégique

Définir une vision stratégique pour la transformation digitale n'est pas sans défis. L'un des principaux défis est de s'assurer que la vision est bien comprise et acceptée à tous les niveaux de l'organisation. Cela nécessite une communication claire et cohérente, ainsi qu'un leadership fort qui peut inspirer et motiver les employés à embrasser le changement.

Un autre défi est de maintenir la flexibilité dans la vision, tout en restant concentré sur les objectifs à long terme. Le paysage digital évolue rapidement, et une vision trop rigide peut rapidement devenir obsolète. Les entreprises doivent donc être prêtes à ajuster leur vision en fonction des évolutions du marché et des nouvelles opportunités technologiques.

Enfin, la mise en œuvre de la vision nécessite des ressources significatives, à la fois financières et humaines. Les entreprises doivent être prêtes à investir dans les technologies, la formation des employés, et les processus de gestion du changement pour transformer leur vision en réalité.

En résumé, une vision stratégique claire est un élément fondamental de toute transformation digitale réussie. Elle guide l'entreprise à travers les complexités du changement, en assurant que tous les efforts sont alignés vers un objectif commun. Cependant, définir une vision stratégique efficace nécessite une analyse approfondie, une communication claire, et un engagement fort envers l'innovation et le changement culturel. En surmontant ces défis, les entreprises peuvent réussir leur transformation digitale et se positionner pour un avenir prospère dans l'économie numérique.

2.2. Audit Digital de l'Entreprise

L'audit digital est une étape cruciale dans le processus de transformation digitale d'une entreprise. Il permet de mesurer la maturité digitale actuelle de l'organisation, d'identifier les lacunes et les opportunités, et de définir une feuille de route claire pour atteindre les objectifs de transformation. Un audit digital bien mené fournit une vue d'ensemble des forces et des faiblesses de l'entreprise en matière de digitalisation, tout en offrant des recommandations précises pour améliorer les processus, les technologies, et les compétences nécessaires pour réussir dans un environnement numérique en évolution rapide.

Pourquoi un Audit Digital est Essentiel

Avant de plonger dans la transformation digitale, il est essentiel de comprendre où l'entreprise se situe actuellement. Un audit digital offre une évaluation détaillée de l'état actuel de l'organisation en matière de technologies digitales, de processus, de culture, et de compétences. Il permet de répondre à des questions clés telles que : Quelles sont les technologies actuellement en place ? Comment sont-elles utilisées ? Quelle est la culture digitale au sein de l'entreprise ? Quelles sont les compétences existantes et quelles sont celles qui doivent être développées ?

L'audit digital aide également à aligner la stratégie digitale de l'entreprise avec ses objectifs d'affaires. En identifiant les forces et les faiblesses actuelles, l'audit permet de prioriser les initiatives de transformation qui auront le plus grand impact sur les performances de l'entreprise. De plus, en identifiant les lacunes potentielles, l'audit peut aider à éviter les écueils courants qui pourraient entraver le succès de la transformation digitale.

Les Composantes Clés d'un Audit Digital

Un audit digital complet doit couvrir plusieurs aspects de l'organisation, notamment :

1. **Technologies Actuelles** : Évaluation des systèmes informatiques et des technologies digitales actuellement utilisés dans l'entreprise. Cela inclut l'infrastructure informatique, les logiciels, les outils de communication digitale, et les plateformes de gestion de données. L'objectif est de déterminer si ces technologies répondent aux besoins actuels et futurs de l'entreprise, et si elles sont utilisées de manière optimale.

2. **Processus Internes** : Analyse des processus d'affaires actuels pour identifier les opportunités d'automatisation et de rationalisation. Cela peut inclure l'examen des processus de production, de la gestion des stocks, de la chaîne d'approvisionnement, des ventes, du marketing, et du service client. L'audit doit évaluer dans quelle mesure ces processus sont soutenus par des technologies digitales et comment ils peuvent être améliorés.

3. **Culture d'Entreprise** : L'évaluation de la culture digitale de l'entreprise est cruciale pour comprendre comment les employés perçoivent et utilisent les technologies digitales. Cela inclut l'examen de l'ouverture au changement, de l'acceptation de l'innovation, et de la capacité de l'organisation à adopter de nouvelles technologies. Une culture d'entreprise qui valorise l'innovation et la collaboration est essentielle pour réussir la transformation digitale.

4. **Compétences et Capacités** : Analyse des compétences numériques existantes au sein de l'organisation. Cela inclut l'évaluation des compétences techniques, telles que la maîtrise des logiciels et des outils numériques, ainsi que des compétences non techniques, telles que la capacité à travailler de manière agile, à innover, et à collaborer. L'audit doit également identifier les lacunes en matière de compétences et recommander des formations ou des recrutements pour combler ces lacunes.

5. **Expérience Client** : Évaluation de l'expérience client actuelle à travers les différents canaux digitaux. Cela inclut l'analyse des interactions clients en ligne, des canaux de communication (site web, réseaux sociaux, applications mobiles), et de la qualité des services numériques offerts. L'objectif est d'identifier les points de friction dans l'expérience client et de proposer des améliorations pour offrir une expérience plus fluide et personnalisée.

6. **Sécurité et Conformité** : L'audit doit également inclure une évaluation des mesures de sécurité en place pour protéger les données sensibles et assurer la conformité avec les réglementations en vigueur, telles que le RGPD (Règlement Général sur la Protection des Données). La sécurité des systèmes digitaux est un aspect crucial de la transformation digitale, car une faille de sécurité peut avoir des conséquences graves pour l'entreprise.

Étapes pour Réaliser un Audit Digital

La réalisation d'un audit digital nécessite une approche méthodique et structurée. Voici les principales étapes pour mener à bien cet audit :

1. **Planification de l'Audit** : Définir les objectifs de l'audit, les domaines à évaluer, et les critères de succès. Cette étape implique également la constitution d'une équipe d'audit composée de membres ayant des compétences diverses en technologie, en processus d'affaires, et en gestion du changement.

2. **Collecte de Données** : Recueillir des données sur les technologies, les processus, et les compétences actuelles de l'entreprise. Cela peut inclure des entretiens avec les employés, des enquêtes, des analyses de systèmes informatiques, et l'examen des documents internes. La collecte de données doit être exhaustive pour garantir une évaluation précise de l'état actuel de l'entreprise.

3. **Analyse des Données** : Analyser les données collectées pour identifier les forces, les faiblesses, les opportunités, et les menaces. Cette analyse doit se concentrer sur les domaines clés identifiés lors de la planification de l'audit, tels que les technologies, les processus, la culture, et les compétences.

4. **Rapport d'Audit** : Rédiger un rapport détaillé présentant les résultats de l'audit. Ce rapport doit inclure une évaluation des technologies actuelles, des processus internes, de la culture d'entreprise, et des compétences, ainsi que des recommandations pour améliorer chaque domaine. Le rapport doit également identifier les priorités pour la transformation digitale et proposer une feuille de route pour les initiatives à venir.

5. **Présentation des Résultats** : Présenter les résultats de l'audit à la direction de l'entreprise et aux parties prenantes concernées. Cette présentation doit être suivie d'une discussion pour aligner les priorités et s'assurer que tout le monde comprend les implications des résultats de l'audit.

6. **Mise en Œuvre des Recommandations** : Une fois l'audit terminé, l'entreprise doit commencer à mettre en œuvre les recommandations du rapport d'audit. Cela peut inclure l'adoption de nouvelles technologies, la réorganisation des processus internes, la formation des employés, et le renforcement des mesures de sécurité.

Analyser la Maturité Digitale de l'Entreprise

Une partie essentielle de l'audit digital consiste à évaluer la maturité digitale de l'entreprise. La maturité digitale fait référence au niveau de développement et d'intégration des technologies digitales au sein de l'organisation. Cette évaluation permet de déterminer où se situe l'entreprise sur l'échelle de la transformation digitale et d'identifier les étapes nécessaires pour progresser.

Niveaux de Maturité Digitale

1. **Initial** : L'entreprise utilise des technologies digitales de manière limitée et non intégrée. Les processus sont majoritairement manuels, et l'utilisation des technologies digitales est ad hoc, sans stratégie claire.

2. **Répétable** : L'entreprise commence à adopter des technologies digitales pour automatiser certains processus. Cependant, ces technologies sont utilisées de manière isolée, sans intégration avec d'autres systèmes ou processus.

3. **Défini** : L'entreprise a une stratégie digitale claire et utilise les technologies digitales de manière cohérente à travers l'organisation. Les processus sont standardisés et intégrés, mais il reste des opportunités d'amélioration.

4. **Géré** : L'entreprise a atteint un niveau élevé de maturité digitale, avec des technologies intégrées dans tous les aspects de l'organisation. Les processus sont optimisés, et l'entreprise utilise des données pour prendre des décisions éclairées.

5. **Optimisé** : L'entreprise est à la pointe de la transformation digitale, avec des processus entièrement automatisés et optimisés. L'innovation est au cœur de l'organisation, et l'entreprise est capable de s'adapter rapidement aux changements du marché.

Outils pour l'Évaluation de la Maturité Digitale

Il existe plusieurs outils et frameworks pour évaluer la maturité digitale d'une entreprise. Parmi les plus courants, on trouve le Digital Maturity Model (DMM), qui évalue l'entreprise sur plusieurs dimensions, telles que la stratégie, la culture, la gouvernance, et les technologies. D'autres frameworks incluent le McKinsey Digital Quotient, qui mesure la maturité digitale à travers des critères tels que l'innovation, l'expérience client, et les capacités digitales.

L'évaluation de la maturité digitale permet de créer une base de référence pour l'entreprise et de définir des objectifs clairs pour la transformation. Elle aide également à identifier les domaines prioritaires pour l'investissement et à mesurer les progrès réalisés au fil du temps.

L'audit digital est une étape indispensable pour toute entreprise qui souhaite réussir sa transformation digitale. Il fournit une évaluation complète de l'état actuel de l'organisation, en identifiant les forces, les faiblesses, et les opportunités d'amélioration. En évaluant la maturité digitale, en analysant les processus internes, en évaluant les technologies actuelles, et en identifiant les compétences nécessaires, l'audit digital permet de créer une feuille de route claire pour guider la transformation. Une fois l'audit réalisé, l'entreprise est mieux équipée pour prendre des décisions éclairées, aligner ses initiatives digitales avec ses objectifs d'affaires, et naviguer avec succès dans l'environnement numérique en constante évolution.

2.3. Planification et Roadmap de la Transformation

La planification stratégique est une étape cruciale pour garantir le succès d'une transformation digitale. Une roadmap bien définie sert de guide pour l'entreprise, en détaillant les étapes à suivre, les ressources nécessaires, et les objectifs à atteindre à court, moyen, et long terme. La transformation digitale est un processus complexe qui nécessite une coordination minutieuse et un alignement stratégique à travers toutes les parties de l'organisation. Cette section explore comment élaborer une roadmap efficace pour piloter la transformation digitale.

L'Importance de la Planification dans la Transformation Digitale

La transformation digitale implique de nombreux changements au sein de l'organisation, touchant les processus, les technologies, la culture d'entreprise, et les relations avec les clients. Sans une planification adéquate, ces changements peuvent rapidement devenir désorganisés, entraînant des retards, des dépassements de budget, et une résistance au changement. La planification permet de structurer les initiatives digitales, de définir des priorités claires, et d'allouer les ressources de manière efficace.

Une roadmap bien planifiée offre une vision claire de la transformation, en identifiant les étapes critiques, les jalons à atteindre, et les indicateurs de performance clés (KPI) qui permettront de mesurer les progrès. Elle aide également à anticiper les risques potentiels et à développer des stratégies d'atténuation pour éviter les écueils courants.

Définir les Objectifs à Court et Long Terme

L'une des premières étapes de la planification est de définir des objectifs clairs pour la transformation digitale. Ces objectifs doivent être alignés avec la vision stratégique de l'entreprise et doivent couvrir à la fois les aspects à court terme et à long terme de la transformation.

Objectifs à Court Terme

Les objectifs à court terme sont généralement axés sur des gains rapides qui peuvent démontrer la valeur de la transformation digitale et renforcer l'adhésion au sein de l'organisation. Par exemple, ces objectifs peuvent inclure l'automatisation de processus spécifiques, l'amélioration de l'expérience client à travers l'adoption de nouveaux outils digitaux, ou la formation des employés sur les nouvelles technologies.

Ces initiatives à court terme doivent être réalisables dans un délai de 6 à 12 mois et doivent offrir des résultats tangibles qui peuvent être mesurés à l'aide de KPI spécifiques. L'atteinte de ces objectifs à court terme contribue à créer un élan positif pour la transformation digitale et à renforcer la confiance des parties prenantes.

Objectifs à Long Terme

Les objectifs à long terme, en revanche, sont plus ambitieux et visent à transformer l'entreprise en profondeur. Ils peuvent inclure la réinvention des modèles d'affaires, l'intégration complète des technologies digitales dans tous les aspects de l'organisation, ou l'expansion sur de nouveaux marchés digitaux. Ces objectifs peuvent nécessiter plusieurs années pour être atteints et impliquent souvent des investissements significatifs en termes de temps, d'argent, et de ressources humaines.

Les objectifs à long terme doivent être définis en fonction de la vision stratégique de l'entreprise et doivent être flexibles pour s'adapter aux changements du marché et aux nouvelles opportunités technologiques. Ils doivent également être décomposés en sous-objectifs intermédiaires qui permettent de suivre les progrès et d'ajuster la stratégie en cours de route.

Créer une Roadmap Détaillée

Une fois les objectifs définis, il est temps de créer une roadmap détaillée qui guide la mise en œuvre de la transformation digitale. Cette roadmap doit inclure des éléments clés tels que les étapes du projet, les jalons, les ressources nécessaires, et les KPI pour chaque phase de la transformation.

Établir les Phases du Projet

La transformation digitale doit être structurée en phases successives, chacune ayant des objectifs spécifiques et des livrables clairs. Par exemple, la première phase pourrait être consacrée à la réalisation d'un audit digital et à l'identification des technologies à adopter, tandis que la deuxième phase pourrait se concentrer sur l'automatisation des processus internes et la formation des employés.

Chaque phase doit être conçue de manière à ce que les résultats obtenus servent de base pour la phase suivante. Cette approche progressive permet de réduire les risques et de s'assurer que l'organisation peut s'adapter au changement à chaque étape de la transformation.

Définir les Jalons et les Livrables

Les jalons sont des points de contrôle critiques dans la roadmap qui permettent de mesurer les progrès et de s'assurer que la transformation reste sur la bonne voie. Chaque jalon doit être associé à des livrables spécifiques qui démontrent l'avancement du projet. Par exemple, un jalon pourrait être l'achèvement de l'intégration d'un nouveau système de gestion des relations clients (CRM), avec comme livrables la formation des utilisateurs, le déploiement du système, et l'amélioration des indicateurs de performance associés.

Les jalons doivent être planifiés de manière réaliste, en tenant compte des ressources disponibles et des éventuelles contraintes opérationnelles. Ils doivent également être flexibles pour permettre des ajustements en cas de besoin, par exemple en réponse à des changements dans l'environnement commercial ou technologique.

Allouer les Ressources Nécessaires

La mise en œuvre de la transformation digitale nécessite des ressources importantes, tant en termes de financement que de compétences humaines. La roadmap doit inclure un plan détaillé d'allocation des ressources, en identifiant les équipes responsables de chaque phase du projet, les budgets nécessaires, et les technologies à déployer.

Il est essentiel d'assurer une coordination étroite entre les différentes équipes impliquées dans la transformation, y compris les équipes informatiques, les départements métier, et les services de support tels que les ressources humaines et la finance. Cette coordination garantit que toutes les parties prenantes sont alignées sur les objectifs du projet et que les ressources sont utilisées de manière efficace.

Mesurer les Progrès avec des KPI

Les KPI jouent un rôle crucial dans la gestion de la transformation digitale, car ils permettent de mesurer les progrès réalisés et d'ajuster la stratégie en fonction des résultats obtenus. Chaque phase de la roadmap doit être associée à des KPI spécifiques qui reflètent les objectifs de la phase et permettent d'évaluer la performance.

Par exemple, un KPI pour la phase d'automatisation des processus internes pourrait être le pourcentage de réduction des délais de traitement, tandis qu'un KPI pour l'amélioration de l'expérience client pourrait être le taux de satisfaction des clients ou le Net Promoter Score (NPS).

Les KPI doivent être surveillés en continu et faire l'objet de rapports réguliers aux parties prenantes. Cette surveillance permet de détecter rapidement les problèmes potentiels et de prendre des mesures correctives avant qu'ils ne compromettent le succès de la transformation.

Anticiper et Gérer les Risques

La transformation digitale est un processus complexe et risqué, et il est crucial d'anticiper les risques potentiels et de développer des stratégies pour les gérer. La roadmap doit inclure une analyse des risques qui identifie les principales menaces pour le projet, telles que les résistances internes, les contraintes budgétaires, ou les défis technologiques.

Pour chaque risque identifié, la roadmap doit proposer des stratégies d'atténuation qui permettent de réduire l'impact potentiel du risque ou d'éviter qu'il ne se matérialise. Par exemple, pour gérer la résistance au changement, l'entreprise pourrait mettre en place des programmes de formation et de communication pour sensibiliser les employés aux avantages de la transformation digitale et les engager activement dans le processus.

Assurer une Communication Efficace

Une communication efficace est essentielle pour le succès de la transformation digitale. La roadmap doit inclure un plan de communication qui définit comment les progrès du projet seront communiqués aux parties prenantes internes et externes, à quelle fréquence, et par quels canaux.

La communication doit être transparente et régulière, afin de maintenir l'adhésion au projet et de s'assurer que tous les membres de l'organisation sont alignés sur les objectifs de la transformation. Elle doit également être adaptée aux différentes parties prenantes, en fournissant des informations pertinentes pour chaque groupe, qu'il s'agisse des employés, des dirigeants, ou des partenaires externes.

Réévaluer et Adapter la Roadmap

Enfin, la roadmap de la transformation digitale doit être flexible et capable de s'adapter aux changements de l'environnement externe ou aux nouvelles opportunités technologiques. La transformation digitale est un processus dynamique, et il est important de réévaluer régulièrement la roadmap pour s'assurer qu'elle reste alignée avec la stratégie globale de l'entreprise et les réalités du marché.

Les réévaluations périodiques permettent d'ajuster les objectifs, de re-prioriser les initiatives, et de réaligner les ressources en fonction des nouvelles informations ou des changements de contexte. Cette flexibilité est essentielle pour s'assurer que la transformation digitale reste pertinente et efficace tout au long du processus.

La planification et l'élaboration d'une roadmap sont des éléments cruciaux pour assurer le succès de la transformation digitale d'une entreprise. Une roadmap bien structurée offre une vision claire des étapes à suivre, des ressources nécessaires, et des objectifs à atteindre à court, moyen, et long terme. En définissant des objectifs clairs, en créant des jalons réalistes, en allouant les ressources de manière efficace, et en surveillant les progrès à l'aide de KPI, l'entreprise peut naviguer avec succès à travers les complexités de la transformation digitale. Enfin, une roadmap flexible et bien communiquée garantit que l'entreprise peut s'adapter aux changements et continuer à progresser vers ses objectifs

stratégiques dans un environnement numérique en constante
évolution.

Chapitre 3 : Digitalisation des Processus Internes

3.1. Automatisation et Efficacité Opérationnelle

L'automatisation est l'un des principaux moteurs de la digitalisation des processus internes. En intégrant des technologies avancées dans les opérations quotidiennes, les entreprises peuvent non seulement améliorer leur efficacité, mais aussi réduire les coûts, minimiser les erreurs humaines, et offrir des services plus rapides et plus personnalisés. Cette section explore les différents outils et technologies disponibles pour l'automatisation, ainsi que des études de cas illustrant comment l'automatisation peut transformer les opérations internes d'une organisation.

L'Importance de l'Automatisation dans la Digitalisation

Dans le cadre de la transformation digitale, l'automatisation joue un rôle central en permettant aux entreprises de repenser leurs processus internes de manière plus efficiente. L'automatisation consiste à utiliser des technologies telles que l'intelligence artificielle (IA), le machine learning, la robotique, et le traitement automatisé des données pour exécuter des tâches qui étaient traditionnellement effectuées par des humains. Cette approche permet de libérer des ressources humaines pour des tâches à plus forte valeur ajoutée, tout en augmentant la rapidité et la précision des opérations.

L'automatisation est également cruciale pour gérer la complexité croissante des opérations modernes. Avec la multiplication des canaux de communication, la globalisation des chaînes d'approvisionnement, et l'explosion des volumes de données, les entreprises ont besoin de solutions automatisées pour maintenir l'efficacité et la cohérence à grande échelle.

Outils et Technologies pour l'Automatisation

Il existe une multitude d'outils et de technologies qui peuvent être utilisés pour automatiser les processus internes dans une entreprise. Voici un aperçu des technologies les plus couramment utilisées :

1. **Robotic Process Automation (RPA)** : Le RPA est une technologie qui permet d'automatiser les tâches répétitives et basées sur des règles, telles que la saisie de données, le traitement des factures, ou la gestion des e-mails. Les robots logiciels peuvent imiter les actions humaines sur les systèmes informatiques, mais avec une précision et une rapidité bien supérieures.

2. **Intelligence Artificielle (IA) et Machine Learning** : L'IA et le machine learning sont utilisés pour automatiser des processus plus complexes qui nécessitent l'analyse de grandes quantités de données ou la prise de décisions en temps réel. Par exemple, les algorithmes d'IA peuvent être utilisés pour analyser les comportements des clients et personnaliser les offres en conséquence, ou pour détecter des anomalies dans les processus de production et recommander des actions correctives.

3. **Automatisation des Flux de Travail (Workflow Automation)** : L'automatisation des flux de travail consiste à utiliser des logiciels pour gérer et automatiser les processus métier, en s'assurant que les tâches sont effectuées dans le bon ordre et par les bonnes personnes. Cela permet d'améliorer l'efficacité, de réduire les délais, et de minimiser les erreurs humaines.

4. **Internet des Objets (IoT)** : Le IoT permet d'automatiser les processus en connectant des appareils physiques à des réseaux numériques, ce qui permet de collecter des données en temps réel et d'automatiser les réponses aux événements. Par exemple, dans l'industrie manufacturière, les capteurs IoT peuvent surveiller l'état des machines et déclencher des actions automatiques en cas de détection de problèmes.

5. **Systèmes de Gestion des Entreprises (ERP)** : Les ERP sont des logiciels qui intègrent les différentes fonctions de l'entreprise, telles que la gestion des ressources humaines, la finance, la chaîne d'approvisionnement, et la production, dans un système unique. L'automatisation au sein des ERP permet de rationaliser les opérations, d'améliorer la précision des données, et de faciliter la prise de décisions.

Études de Cas sur l'Automatisation Réussie

Pour illustrer l'impact de l'automatisation sur l'efficacité opérationnelle, examinons quelques études de cas d'entreprises qui ont réussi à transformer leurs processus internes grâce à l'automatisation.

Étude de Cas 1 : Automatisation des Processus Financiers chez Xero

Xero, une entreprise de logiciels de comptabilité basée en Nouvelle-Zélande, a automatisé de nombreux aspects de ses processus financiers pour améliorer l'efficacité et la précision. En utilisant des outils d'automatisation des processus robotisés (RPA), Xero a pu automatiser la réconciliation bancaire, la facturation, et le suivi des paiements. Cette automatisation a permis à l'entreprise de réduire les erreurs humaines, d'accélérer les délais de traitement, et de libérer du temps pour que ses employés se concentrent sur des tâches à plus forte valeur ajoutée, telles que le conseil aux clients.

Grâce à cette transformation, Xero a non seulement amélioré l'efficacité de ses opérations internes, mais a également renforcé sa proposition de valeur auprès de ses clients en offrant des services plus rapides et plus fiables.

Étude de Cas 2 : Automatisation des Chaînes d'Approvisionnement chez Siemens

Siemens, une entreprise de technologie industrielle, a déployé des solutions d'automatisation avancées pour optimiser ses chaînes d'approvisionnement mondiales. En utilisant des technologies telles que l'IoT et l'IA, Siemens a pu automatiser la surveillance de ses stocks, la gestion des fournisseurs, et la planification de la production. Les capteurs IoT installés dans les usines de Siemens collectent des données en temps réel sur l'état des stocks et des machines, tandis que les algorithmes d'IA analysent ces données pour prévoir les besoins futurs et optimiser les commandes de fournitures.

Cette automatisation a permis à Siemens de réduire les coûts d'inventaire, d'améliorer la précision des prévisions, et de minimiser les interruptions de la production. En outre, la capacité à répondre rapidement aux changements de la demande a renforcé la compétitivité de l'entreprise sur le marché mondial.

Étude de Cas 3 : Automatisation des Opérations de Service Client chez Amazon

Amazon est un exemple emblématique d'entreprise qui a su tirer parti de l'automatisation pour améliorer son service client à grande échelle. Grâce à l'utilisation de chatbots alimentés par l'intelligence artificielle, Amazon a pu automatiser une grande partie des interactions avec les clients, en répondant automatiquement aux questions fréquemment posées, en traitant les retours de produits, et en fournissant des recommandations personnalisées. Ces chatbots sont capables de comprendre et de traiter des demandes complexes, tout en apprenant en permanence à partir des interactions précédentes pour améliorer leur performance.

L'automatisation du service client chez Amazon a non seulement permis de réduire les coûts opérationnels, mais a également amélioré la satisfaction des clients en offrant des réponses rapides et précises à leurs demandes. En outre, l'utilisation de l'IA pour personnaliser les recommandations a renforcé l'engagement des clients et augmenté les ventes.

Les Défis de l'Automatisation

Bien que l'automatisation offre de nombreux avantages, elle présente également des défis que les entreprises doivent surmonter pour réussir leur transformation digitale.

1. **Résistance au Changement** : L'introduction de l'automatisation peut susciter des craintes parmi les employés, qui peuvent craindre que leur emploi soit menacé. Il est essentiel de gérer cette résistance en communiquant clairement les avantages de l'automatisation, en offrant des opportunités de formation pour développer de nouvelles compétences, et en impliquant les employés dans le processus de transformation.

2. **Complexité Technologique** : La mise en œuvre de solutions d'automatisation avancées peut être complexe, nécessitant des investissements importants en infrastructure technologique et en compétences spécialisées. Les entreprises doivent s'assurer qu'elles disposent des ressources nécessaires pour déployer et maintenir ces technologies, tout en minimisant les interruptions des opérations existantes.

3. **Sécurité des Données** : L'automatisation implique souvent la collecte et le traitement de grandes quantités de données, ce qui peut poser des risques en matière de sécurité et de confidentialité. Les entreprises doivent mettre en place des mesures de sécurité robustes pour protéger les données sensibles et garantir la conformité avec les réglementations en vigueur.

4. **Adaptabilité et Évolutivité** : Les technologies d'automatisation évoluent rapidement, et il est important que les solutions mises en place soient adaptables et évolutives pour répondre aux besoins futurs de l'entreprise. Les entreprises doivent adopter une approche agile qui leur permet d'ajuster leurs systèmes et leurs processus en fonction des nouvelles technologies et des changements du marché.

L'automatisation est un levier puissant pour améliorer l'efficacité opérationnelle et soutenir la transformation digitale des entreprises. En intégrant des technologies avancées telles que le RPA, l'IA, l'IoT, et les systèmes de gestion des entreprises, les organisations peuvent optimiser leurs processus internes, réduire les coûts, et offrir des services plus rapides et plus personnalisés. Cependant, pour réussir l'automatisation, il est crucial de surmonter les défis liés à la résistance au changement, à la complexité technologique, à la sécurité des données, et à l'adaptabilité. En adoptant une approche stratégique et en s'appuyant sur des études de cas réussies, les entreprises peuvent tirer pleinement parti de l'automatisation pour transformer leurs opérations et renforcer leur compétitivité sur le marché.

3.2. Transformation Digitale des RH

La transformation digitale ne se limite pas aux processus opérationnels ou aux interactions avec les clients ; elle touche également au cœur de l'organisation : les ressources humaines (RH). Les départements RH jouent un rôle crucial dans la réussite de la transformation digitale en gérant le capital humain, en soutenant l'adoption des nouvelles technologies, et en façonnant la culture d'entreprise pour qu'elle soit en phase avec les objectifs digitaux. Cette section explore comment les RH peuvent être transformées digitalement pour mieux répondre aux défis modernes, tout en attirant, développant, et fidélisant les talents.

Le Rôle des RH dans la Transformation Digitale

Les ressources humaines sont souvent perçues comme un département de support, mais dans le contexte de la transformation digitale, elles jouent un rôle stratégique. Les RH sont responsables de la gestion du changement, de la formation des employés, et de la création d'une culture d'entreprise propice à l'innovation. Pour réussir la transformation digitale, il est essentiel que les RH adoptent elles-mêmes les outils et les pratiques digitales pour optimiser leur propre fonctionnement et soutenir l'organisation dans son ensemble.

Recrutement Digital et Gestion des Talents

L'un des premiers domaines où les RH peuvent bénéficier de la digitalisation est le recrutement. Le recrutement digital utilise des technologies avancées pour attirer, évaluer, et embaucher les meilleurs talents de manière plus efficace et plus ciblée.

Utilisation des Plateformes de Recrutement en Ligne

Les plateformes de recrutement en ligne, telles que LinkedIn, Indeed, ou Glassdoor, permettent aux entreprises de diffuser leurs offres d'emploi à un public mondial et de cibler des candidats ayant des compétences spécifiques. Ces plateformes offrent des outils de filtrage automatisés qui facilitent l'évaluation des CV et la présélection des candidats, réduisant ainsi le temps et les coûts associés au recrutement.

De plus, les plateformes de recrutement en ligne intègrent souvent des algorithmes d'intelligence artificielle (IA) qui peuvent analyser les profils des candidats pour identifier ceux qui correspondent le mieux aux exigences du poste. Par exemple, ces algorithmes peuvent analyser les antécédents professionnels, les compétences techniques, et même les comportements en ligne des candidats pour déterminer leur adéquation avec la culture de l'entreprise.

Entretien Vidéo et Évaluation en Ligne

Les entretiens vidéo et les évaluations en ligne sont devenus des outils essentiels pour le recrutement digital. Les plateformes telles que HireVue permettent aux recruteurs de mener des entretiens vidéo préenregistrés, où les candidats répondent à une série de questions standardisées. Ces vidéos peuvent ensuite être analysées par des algorithmes d'IA qui évaluent les réponses des candidats en fonction de divers critères, tels que le contenu des réponses, le langage corporel, et l'intonation.

Cette approche permet de rationaliser le processus de recrutement en éliminant les biais inconscients et en se concentrant sur les compétences et les aptitudes réelles des candidats. De plus, elle offre une plus grande flexibilité, car les candidats peuvent enregistrer leurs réponses à leur convenance, et les recruteurs peuvent les évaluer à leur rythme.

Gestion des Talents et Développement des Compétences

La gestion des talents est un autre domaine où les RH peuvent tirer parti de la digitalisation. Les entreprises doivent non seulement attirer des talents de qualité, mais aussi les développer et les fidéliser pour assurer leur succès à long terme. Les outils digitaux peuvent aider à identifier les besoins en compétences, à personnaliser les parcours de formation, et à suivre le développement des talents au fil du temps.

Plateformes de Gestion des Talents

Les plateformes de gestion des talents, telles que Workday ou SAP SuccessFactors, intègrent toutes les fonctionnalités nécessaires pour gérer le cycle de vie des employés, depuis l'embauche jusqu'à la retraite. Ces plateformes permettent de centraliser les informations sur les employés, de suivre leurs performances, et de planifier leur développement de carrière en fonction des besoins futurs de l'entreprise.

De plus, ces plateformes offrent des outils d'analyse prédictive qui aident les RH à identifier les employés à haut potentiel et à anticiper les besoins en formation. Par exemple, l'analyse des données de performance peut révéler des tendances qui indiquent qu'un employé est prêt à assumer de plus grandes responsabilités ou qu'il a besoin d'une formation supplémentaire pour atteindre ses objectifs.

Apprentissage et Développement Digital

L'apprentissage et le développement sont des éléments clés de la gestion des talents dans un environnement digital. Les entreprises doivent s'assurer que leurs employés disposent des compétences nécessaires pour utiliser les nouvelles technologies et s'adapter aux changements rapides du marché. Les plateformes d'apprentissage en ligne, telles que Coursera, Udemy, ou LinkedIn Learning, offrent une large gamme de cours et de programmes de certification qui peuvent être suivis à distance, à tout moment.

Les entreprises peuvent également utiliser des outils d'intelligence artificielle pour personnaliser les parcours d'apprentissage en fonction des besoins individuels des employés. Par exemple, un algorithme peut recommander des cours spécifiques en fonction des compétences existantes de l'employé, de ses objectifs de carrière, et des exigences de son poste.

En outre, les technologies de réalité virtuelle (VR) et de réalité augmentée (AR) commencent à être utilisées pour offrir des expériences d'apprentissage immersives. Par exemple, une entreprise de construction pourrait utiliser la VR pour former ses employés à des scénarios complexes sur un chantier, tandis qu'une entreprise de vente au détail pourrait utiliser l'AR pour simuler des interactions avec des clients.

Culture d'Entreprise dans un Environnement Digital

La culture d'entreprise joue un rôle déterminant dans la réussite de la transformation digitale. Une culture qui valorise l'innovation, la collaboration, et l'apprentissage continu est essentielle pour favoriser l'adoption des nouvelles technologies et pour tirer pleinement parti des opportunités offertes par la digitalisation.

Encourager l'Innovation et l'Agilité

L'une des principales caractéristiques d'une culture d'entreprise digitale est l'accent mis sur l'innovation et l'agilité. Les entreprises doivent encourager leurs employés à expérimenter de nouvelles idées, à prendre des risques calculés, et à apprendre de leurs erreurs. Cela nécessite un environnement où les échecs sont perçus non pas comme des obstacles, mais comme des opportunités d'apprentissage.

Les entreprises peuvent favoriser cette culture en mettant en place des programmes d'innovation interne, tels que des hackathons, des laboratoires d'innovation, ou des plateformes de suggestion d'idées. Ces initiatives permettent aux employés de proposer et de tester des idées novatrices, en collaborant avec des collègues d'autres départements pour créer des solutions nouvelles et efficaces.

De plus, l'agilité est cruciale dans un environnement digital où les changements sont fréquents et rapides. Les entreprises doivent adopter des pratiques agiles, telles que la méthodologie Scrum ou Kanban, qui permettent de diviser les projets en petites étapes itératives, d'ajuster les priorités en fonction des retours d'expérience, et de livrer des résultats rapidement.

Favoriser la Collaboration à Travers les Outils Digitaux

La collaboration est une autre composante essentielle de la culture d'entreprise digitale. Les outils digitaux permettent aux employés de collaborer plus facilement, même lorsqu'ils travaillent à distance ou dans des bureaux répartis sur différents continents. Des plateformes comme Microsoft Teams, Slack, ou Zoom facilitent la communication instantanée, le partage de documents, et la tenue de réunions virtuelles, renforçant ainsi la cohésion des équipes.

De plus, les entreprises peuvent utiliser des outils de gestion de projet collaboratifs, tels que Trello ou Asana, pour suivre l'avancement des projets, assigner des tâches, et assurer une visibilité sur le travail de chacun. Ces outils favorisent une plus grande transparence et une meilleure coordination, ce qui est essentiel pour atteindre les objectifs de l'entreprise dans un environnement digital.

Renforcer l'Engagement des Employés

L'engagement des employés est crucial pour le succès de toute initiative de transformation digitale. Les employés qui se sentent valorisés, impliqués et motivés sont plus susceptibles d'adopter les nouvelles technologies et de contribuer activement à l'atteinte des objectifs de l'entreprise. Les RH peuvent utiliser des outils digitaux pour mesurer et renforcer l'engagement des employés.

Par exemple, des enquêtes d'engagement en ligne peuvent être utilisées pour recueillir des retours d'expérience des employés sur leur satisfaction au travail, leur perception de la culture d'entreprise, et leur adhésion aux initiatives de transformation digitale. Les résultats de ces enquêtes peuvent ensuite être analysés pour identifier les domaines à améliorer et pour développer des stratégies visant à renforcer l'engagement.

En outre, les programmes de reconnaissance en ligne, tels que les plateformes de récompenses et de reconnaissance des employés, peuvent être utilisés pour célébrer les réalisations individuelles et collectives, renforçant ainsi le moral et l'engagement des employés.

Les Défis de la Transformation Digitale des RH

La transformation digitale des RH présente plusieurs défis que les entreprises doivent surmonter pour réussir.

1. **Adoption des Nouvelles Technologies** : L'introduction de nouvelles technologies dans les RH peut être perçue comme une menace par certains employés, en particulier ceux qui ne sont pas familiers avec les outils digitaux. Il est important de fournir une formation adéquate et de communiquer clairement les avantages de ces technologies pour surmonter la résistance au changement.

2. **Sécurité et Confidentialité des Données** : Les RH traitent des informations sensibles sur les employés, et la digitalisation de ces données pose des défis en matière de sécurité et de confidentialité. Les entreprises doivent mettre en place des mesures de sécurité rigoureuses pour protéger les données des employés et garantir la conformité avec les réglementations telles que le RGPD.

3. **Alignement Culturel** : La réussite de la transformation digitale des RH dépend de l'alignement de la culture d'entreprise avec les objectifs digitaux. Cela nécessite un engagement fort de la direction, ainsi qu'un effort concerté

pour intégrer les valeurs digitales dans tous les aspects de l'organisation.

4. **Maintien de l'Engagement** : La digitalisation peut parfois conduire à une déshumanisation des interactions au sein de l'entreprise. Il est crucial de maintenir un équilibre entre l'utilisation des outils digitaux et l'interaction humaine pour s'assurer que les employés restent engagés et connectés à l'organisation.

La transformation digitale des ressources humaines est essentielle pour que les entreprises puissent attirer, développer, et fidéliser les talents dans un environnement en constante évolution. En adoptant des outils digitaux pour le recrutement, la gestion des talents, et l'apprentissage, les RH peuvent non seulement améliorer leur propre efficacité, mais aussi jouer un rôle clé dans la réussite globale de la transformation digitale de l'entreprise. Cependant, pour réussir, les RH doivent surmonter les défis liés à l'adoption des nouvelles technologies, à la sécurité des données, et à l'alignement culturel. En créant une culture d'innovation, de collaboration, et d'engagement, les RH peuvent transformer l'organisation et la préparer à prospérer dans l'ère digitale.

3.3. Digitalisation de la Gestion Financière

La gestion financière est un domaine clé dans lequel la digitalisation peut apporter des avantages significatifs. En intégrant des technologies digitales dans les processus financiers, les entreprises peuvent améliorer l'efficacité, la précision, et la transparence de leurs opérations financières. Cette section explore comment la digitalisation transforme la gestion financière, les solutions digitales disponibles, et l'impact de ces changements sur la comptabilité et les finances d'entreprise.

L'Importance de la Digitalisation dans la Gestion Financière

La gestion financière est au cœur de toute entreprise, car elle touche à la fois à la rentabilité, à la gestion des risques, et à la prise de décisions stratégiques. Dans un environnement de plus en plus complexe et compétitif, la digitalisation des processus financiers est devenue une nécessité pour assurer la pérennité et la croissance des entreprises.

La digitalisation permet de moderniser les processus financiers, d'automatiser les tâches répétitives, et de fournir des données en temps réel pour une prise de décision plus éclairée. Elle offre également une plus grande transparence, ce qui est crucial pour répondre aux exigences croissantes en matière de conformité réglementaire et de responsabilité financière.

Solutions Digitales pour la Gestion Financière

Il existe de nombreuses solutions digitales qui peuvent être intégrées dans la gestion financière d'une entreprise pour améliorer l'efficacité et la précision des opérations. Voici quelques-unes des principales technologies et outils utilisés dans ce domaine :

1. **Systèmes de Gestion Financière (ERP)** : Les systèmes ERP (Enterprise Resource Planning) intègrent les fonctions financières avec d'autres aspects de l'entreprise, tels que la gestion des stocks, la production, et les ressources humaines. Cela permet une vue d'ensemble des finances de l'entreprise, facilitant la planification, la budgétisation, et le suivi des performances financières. Les solutions ERP telles que SAP, Oracle Financials, ou Microsoft Dynamics permettent de centraliser les données financières, d'automatiser les processus comptables, et d'assurer une conformité rigoureuse avec les normes financières.

2. **Automatisation des Processus Comptables** : L'automatisation des processus comptables, tels que la gestion des comptes fournisseurs et clients, la réconciliation bancaire, et le traitement des factures, permet de réduire les erreurs humaines, d'accélérer les délais de traitement, et de libérer du temps pour les tâches à plus forte valeur ajoutée. Les outils d'automatisation, comme BlackLine ou Sage Intacct, sont conçus pour intégrer des processus complexes

et répétitifs, permettant ainsi de gagner en efficacité et en précision.

3. **Analyse Prédictive et Big Data** : Les technologies d'analyse prédictive et le Big Data permettent aux entreprises de prévoir les tendances financières, de gérer les risques, et d'optimiser les décisions d'investissement. En analysant de grandes quantités de données historiques et en temps réel, ces technologies peuvent identifier des modèles et des corrélations qui échappent à l'analyse humaine. Par exemple, elles peuvent aider à prédire les fluctuations des flux de trésorerie, à évaluer la probabilité de défaillance des clients, ou à optimiser les stratégies de couverture des risques financiers.

4. **Blockchain pour la Sécurité et la Transparence** : La blockchain est une technologie émergente qui offre des avantages considérables en matière de sécurité et de transparence dans la gestion financière. En permettant l'enregistrement immuable des transactions sur un registre décentralisé, la blockchain réduit le risque de fraude et garantit l'intégrité des données financières. Elle est particulièrement utile pour les transactions complexes, telles que les paiements internationaux, les contrats intelligents, et les échanges de titres.

5. **Intelligence Artificielle (IA) et Machine Learning** : L'IA et le machine learning sont de plus en plus utilisés pour automatiser l'analyse financière, détecter les anomalies, et recommander des actions correctives. Par exemple, les algorithmes d'IA peuvent surveiller en continu les transactions financières pour détecter des comportements suspects, comme des tentatives de fraude, ou analyser les tendances du marché pour recommander des stratégies d'investissement. De plus, l'IA peut être utilisée pour optimiser la gestion de trésorerie en prévoyant les besoins en liquidités et en recommandant des actions pour maximiser les rendements.

Impact de la Digitalisation sur la Comptabilité

La comptabilité est l'une des fonctions les plus directement affectées par la digitalisation. En automatisant les processus comptables et en intégrant des technologies avancées, les entreprises peuvent améliorer la précision, la rapidité, et la transparence de leurs opérations comptables.

Automatisation des Tâches Comptables

L'automatisation des tâches comptables permet de réduire considérablement les erreurs humaines et d'accélérer les délais de traitement. Par exemple, l'automatisation de la saisie des données, du rapprochement des comptes, et du traitement des factures permet de gagner du temps et d'améliorer la précision des états financiers. De plus, l'automatisation facilite la conformité avec les normes comptables et réduit le risque d'audit.

Les outils d'automatisation comptable, tels que QuickBooks, Xero, ou NetSuite, permettent de centraliser les données financières, de générer des rapports financiers en temps réel, et d'assurer une traçabilité complète des transactions. Ces outils offrent également des fonctionnalités de collaboration, permettant aux équipes comptables de travailler de manière plus efficace et plus cohérente.

Transformation des Processus de Clôture Comptable

La digitalisation a également transformé les processus de clôture comptable, qui sont souvent longs et complexes. L'automatisation des processus de clôture, tels que la consolidation des comptes, le rapprochement des écritures, et la génération des états financiers, permet de raccourcir les délais de clôture et de réduire les coûts associés.

De plus, les solutions digitales permettent de rationaliser la communication et la collaboration entre les différentes équipes impliquées dans la clôture comptable, en s'assurant que toutes les informations nécessaires sont disponibles en temps réel. Cela améliore non seulement l'efficacité des processus de clôture, mais aussi la qualité des états financiers.

Impact sur la Conformité et l'Audit

La digitalisation de la gestion financière a un impact significatif sur la conformité et l'audit. En intégrant des technologies avancées, les entreprises peuvent améliorer la transparence et la traçabilité des opérations financières, ce qui est essentiel pour répondre aux exigences réglementaires et pour faciliter les audits.

Traçabilité et Transparence des Données Financières

Les solutions digitales permettent de suivre chaque transaction financière de manière détaillée, en assurant une traçabilité complète depuis l'origine de la transaction jusqu'à son enregistrement dans les états financiers. Cette traçabilité est essentielle pour garantir la conformité avec les normes comptables, telles que les IFRS (International Financial Reporting Standards) ou les GAAP (Generally Accepted Accounting Principles).

De plus, la transparence des données financières est renforcée par l'utilisation de technologies telles que la blockchain, qui permet de créer un registre immuable des transactions. Cette transparence est particulièrement importante pour les entreprises cotées en bourse ou pour celles qui opèrent dans des secteurs fortement réglementés, où les exigences en matière de divulgation sont strictes.

Amélioration de l'Efficacité des Audits

La digitalisation permet également d'améliorer l'efficacité des audits en automatisant les processus de vérification et en fournissant des données en temps réel aux auditeurs. Par exemple, les outils d'analyse des données peuvent être utilisés pour identifier les transactions à haut risque, pour surveiller les écarts par rapport aux normes comptables, ou pour générer des rapports d'audit détaillés en quelques clics.

En outre, l'utilisation de l'IA et du machine learning permet d'analyser de grandes quantités de données financières de manière plus approfondie, en détectant des modèles ou des anomalies qui pourraient échapper à l'analyse humaine. Cela permet aux auditeurs de se concentrer sur les aspects les plus critiques de l'audit et de fournir des recommandations plus précises et plus pertinentes.

Les Défis de la Digitalisation de la Gestion Financière

Bien que la digitalisation offre de nombreux avantages pour la gestion financière, elle présente également des défis que les entreprises doivent surmonter pour réussir leur transformation.

1. **Sécurité des Données** : La gestion financière implique la manipulation de données sensibles, et la digitalisation de ces données pose des défis en matière de sécurité. Les entreprises doivent mettre en place des mesures de sécurité robustes, telles que le cryptage des données, l'authentification multifacteur, et la surveillance des accès, pour protéger les informations financières contre les cyberattaques et les violations de données.

2. **Conformité Réglementaire** : La digitalisation de la gestion financière doit être conforme aux réglementations en vigueur, telles que le RGPD (Règlement Général sur la Protection des Données) ou les lois locales sur la confidentialité des données. Les entreprises doivent s'assurer que leurs solutions digitales sont conformes aux exigences réglementaires et qu'elles peuvent démontrer leur conformité en cas d'audit.

3. **Gestion du Changement** : L'introduction de nouvelles technologies dans la gestion financière peut rencontrer une résistance de la part des employés, en particulier ceux qui ne sont pas familiers avec les outils digitaux. Il est essentiel de fournir une formation adéquate, de communiquer clairement les avantages de la digitalisation, et d'impliquer

les employés dans le processus de transformation pour surmonter cette résistance.

4. **Intégration avec les Systèmes Existants** : La digitalisation de la gestion financière nécessite souvent l'intégration des nouvelles technologies avec les systèmes existants, tels que les ERP ou les logiciels de comptabilité. Cette intégration peut être complexe et nécessiter des investissements importants en termes de temps et de ressources. Les entreprises doivent planifier soigneusement cette intégration pour minimiser les interruptions des opérations et assurer une transition fluide.

La digitalisation de la gestion financière est un élément essentiel de la transformation digitale des entreprises. En intégrant des technologies avancées telles que les ERP, l'IA, la blockchain, et l'automatisation des processus comptables, les entreprises peuvent améliorer l'efficacité, la précision, et la transparence de leurs opérations financières. Cependant, pour réussir cette transformation, il est crucial de surmonter les défis liés à la sécurité des données, à la conformité réglementaire, à la gestion du changement, et à l'intégration des systèmes. En adoptant une approche stratégique et en tirant parti des solutions digitales disponibles, les entreprises peuvent renforcer leur gestion financière et se préparer à prospérer dans un environnement économique de plus en plus digitalisé.

Chapitre 4 : Digitalisation de la Relation Client

4.1. CRM et Gestion des Données Client

La gestion de la relation client (CRM) et la gestion des données client sont des éléments centraux de la digitalisation des entreprises. Dans un monde où les attentes des clients évoluent rapidement, la capacité d'une entreprise à gérer efficacement ses relations avec ses clients et à exploiter les données pour personnaliser les interactions est essentielle pour rester compétitif. Cette section explore l'importance des systèmes de CRM dans la gestion des relations clients et la manière dont l'analyse des données peut améliorer la personnalisation et l'engagement client.

L'Importance des Systèmes CRM dans la Gestion des Relations Clients

Les systèmes de gestion de la relation client (CRM) sont des outils essentiels pour gérer les interactions entre une entreprise et ses clients. Un CRM centralise toutes les informations relatives aux clients, y compris leurs coordonnées, leur historique d'achat, leurs préférences, et leurs interactions passées avec l'entreprise. En centralisant ces informations, un CRM permet aux entreprises de mieux comprendre leurs clients, d'améliorer la communication, et de fournir un service client plus personnalisé et réactif.

Fonctionnalités Clés des Systèmes CRM

Les systèmes CRM modernes offrent une gamme de fonctionnalités qui permettent aux entreprises de gérer efficacement leurs relations clients :

1. **Centralisation des Données Clients** : Les CRM centralisent toutes les informations clients dans un seul système, accessible à toutes les parties prenantes de

l'entreprise. Cela permet de s'assurer que toutes les interactions avec les clients sont cohérentes et basées sur des informations à jour.

2. **Suivi des Interactions** : Les CRM permettent de suivre toutes les interactions avec les clients, y compris les appels téléphoniques, les e-mails, les visites sur le site web, et les interactions sur les réseaux sociaux. Cela donne une vue d'ensemble des préférences et des comportements des clients, facilitant ainsi la personnalisation des communications.

3. **Automatisation des Processus** : Les CRM automatisent de nombreux processus, tels que l'envoi d'e-mails de suivi, la gestion des leads, et la planification des campagnes marketing. Cette automatisation permet de gagner du temps et de s'assurer que toutes les étapes du processus de vente ou de service sont correctement suivies.

4. **Analyse des Données** : Les CRM intègrent souvent des outils d'analyse qui permettent d'exploiter les données clients pour identifier des tendances, segmenter la clientèle, et personnaliser les offres. Par exemple, un CRM peut analyser les données d'achat pour identifier les produits les plus populaires parmi certains segments de clientèle et recommander des promotions ciblées.

5. **Intégration avec d'Autres Systèmes** : Les CRM peuvent être intégrés avec d'autres systèmes de l'entreprise, tels que les ERP (Enterprise Resource Planning), les outils de marketing automation, et les plateformes de commerce en ligne. Cette intégration permet de créer un écosystème numérique cohérent où toutes les informations sont synchronisées et où les processus sont fluides.

Les Avantages de l'Utilisation d'un CRM

L'utilisation d'un CRM offre de nombreux avantages pour les entreprises, en particulier en termes d'amélioration de la satisfaction client, d'augmentation des ventes, et de renforcement de la fidélité.

1. **Amélioration de la Satisfaction Client** : En centralisant les informations et en permettant un suivi précis des interactions, les CRM permettent aux entreprises de mieux comprendre les besoins et les préférences des clients. Cela se traduit par des communications plus pertinentes et des services plus adaptés, ce qui améliore la satisfaction client.

2. **Augmentation des Ventes** : Les CRM permettent de suivre les opportunités de vente tout au long du cycle de vie du client, d'identifier les prospects les plus prometteurs, et de personnaliser les offres en fonction des besoins spécifiques des clients. Cela conduit à une augmentation des taux de conversion et à une meilleure efficacité des équipes de vente.

3. **Renforcement de la Fidélité Client** : En utilisant les informations recueillies par le CRM, les entreprises peuvent personnaliser les interactions avec les clients, anticiper leurs besoins, et offrir des expériences cohérentes et engageantes. Cette personnalisation renforce la fidélité des clients et encourage la répétition des achats.

4. **Optimisation des Processus Internes** : Les CRM automatisent de nombreux processus manuels, ce qui permet de réduire les erreurs, d'accélérer les délais de traitement, et d'améliorer l'efficacité opérationnelle. Cela libère également du temps pour que les équipes puissent se concentrer sur des tâches à plus forte valeur ajoutée, telles que la stratégie client et l'innovation.

Analyse des Données pour une Meilleure Personnalisation

L'une des principales forces des systèmes CRM réside dans leur capacité à collecter et à analyser les données clients pour offrir une personnalisation avancée. À l'ère du numérique, les clients s'attendent à des interactions personnalisées qui répondent à leurs besoins spécifiques et à leurs préférences individuelles.

Segmentation et Ciblage des Clients

Les systèmes CRM permettent de segmenter les clients en fonction de critères tels que l'âge, le sexe, la localisation géographique, l'historique d'achat, et les comportements en ligne. Cette segmentation permet de créer des campagnes marketing ciblées qui sont plus susceptibles de résonner avec chaque groupe de clients.

Par exemple, une entreprise de commerce en ligne peut utiliser un CRM pour identifier les clients qui achètent fréquemment des articles de sport et leur envoyer des offres spéciales sur les nouveaux équipements de fitness. De même, les clients qui ont abandonné leur panier d'achat peuvent recevoir des rappels personnalisés pour les inciter à finaliser leur achat.

Prédiction des Besoins et Comportements Futurs

Les technologies d'intelligence artificielle (IA) et de machine learning intégrées dans les CRM permettent d'analyser les données historiques des clients pour prédire leurs besoins et comportements futurs. Par exemple, en analysant les habitudes d'achat passées, un CRM peut prédire quand un client est susceptible de refaire un achat ou quels produits pourraient l'intéresser à l'avenir.

Cette capacité de prédiction permet aux entreprises de rester proactives en anticipant les besoins des clients et en leur proposant des offres pertinentes avant même qu'ils ne les demandent. Cela renforce l'engagement client et crée une expérience plus fluide et plus satisfaisante.

Personnalisation des Communications et des Offres

Les CRM permettent de personnaliser les communications et les offres en fonction des préférences individuelles des clients. Par exemple, un CRM peut être utilisé pour personnaliser les e-mails marketing en utilisant le prénom du client, en recommandant des produits en fonction de ses achats précédents, ou en proposant des promotions spécifiques à ses intérêts.

De plus, les CRM peuvent automatiser l'envoi de messages personnalisés à des moments clés du cycle de vie du client, tels que les anniversaires, les fêtes, ou les anniversaires d'achat. Ces interactions personnalisées montrent au client qu'il est valorisé et contribuent à renforcer la relation à long terme.

Gestion de la Relation Client dans un Monde Omnicanal

Dans le contexte actuel, les clients interagissent avec les entreprises à travers une multitude de canaux, tels que les sites web, les applications mobiles, les réseaux sociaux, les centres d'appels, et les points de vente physiques. Pour offrir une expérience client cohérente et personnalisée, il est essentiel que les entreprises adoptent une approche omnicanal de la gestion de la relation client.

Intégration des Canaux Digitaux et Physiques

Les CRM modernes permettent d'intégrer tous les canaux de communication dans un seul système, ce qui permet aux entreprises de suivre les interactions des clients à travers différents points de contact. Cela signifie qu'un client peut commencer une interaction en ligne, la poursuivre via un centre d'appels, et la conclure en magasin, tout en bénéficiant d'une expérience cohérente et personnalisée.

Cette intégration omnicanal permet également aux entreprises de mieux comprendre le parcours client et d'identifier les points de friction ou les opportunités d'amélioration. Par exemple, si un client abandonne fréquemment son panier d'achat en ligne, cela peut indiquer un problème avec le processus de paiement, que l'entreprise peut corriger pour améliorer l'expérience client.

Coordination des Équipes de Vente et de Service

Les CRM permettent également de coordonner les efforts des équipes de vente et de service pour offrir une expérience client harmonieuse. Par exemple, lorsqu'un client contacte le service client avec une question ou un problème, l'agent peut accéder à l'historique complet des interactions du client, y compris les communications avec l'équipe de vente, les achats passés, et les problèmes antérieurs. Cela permet de résoudre les problèmes plus rapidement et de manière plus efficace.

De plus, les CRM peuvent automatiser le partage d'informations entre les équipes, en s'assurant que toutes les parties prenantes sont informées des interactions en cours et des besoins des clients. Cette coordination améliore non seulement l'efficacité opérationnelle, mais aussi la satisfaction et la fidélité des clients.

Les Défis de la Gestion des Données Client

Bien que la gestion des données client via un CRM offre de nombreux avantages, elle présente également des défis importants que les entreprises doivent surmonter pour réussir.

1. **Sécurité et Confidentialité des Données** : La collecte et le stockage de grandes quantités de données client posent des défis en matière de sécurité et de confidentialité. Les entreprises doivent mettre en place des mesures de sécurité robustes pour protéger les données sensibles et garantir la conformité avec les réglementations telles que le RGPD. Cela inclut le cryptage des données, l'authentification multifacteur, et la surveillance continue des accès.

2. **Qualité des Données** : Pour que les CRM soient efficaces, les données doivent être précises, complètes et à jour. Cependant, les données clients peuvent rapidement devenir obsolètes ou inexactes si elles ne sont pas régulièrement mises à jour. Les entreprises doivent mettre en place des processus pour garantir la qualité des données, y compris la validation automatique des données, les mises à jour régulières, et l'élimination des doublons.

3. **Intégration avec les Systèmes Existants** : L'intégration d'un CRM avec les systèmes existants, tels que les ERP, les outils de marketing automation, et les plateformes de commerce en ligne, peut être complexe. Cette intégration nécessite souvent des investissements en temps et en ressources pour assurer une synchronisation fluide des données et des processus. Les entreprises doivent planifier soigneusement cette intégration pour éviter les interruptions des opérations et pour maximiser les avantages du CRM.

4. **Adoption par les Utilisateurs** : L'adoption du CRM par les utilisateurs internes est un facteur clé de succès. Si les équipes de vente, de marketing et de service client ne sont pas formées et motivées pour utiliser le CRM, l'investissement dans cette technologie risque de ne pas porter ses fruits. Il est essentiel de fournir une formation adéquate, de démontrer les avantages du CRM, et de créer une culture d'entreprise qui valorise l'utilisation des données pour la prise de décision.

Les systèmes de gestion de la relation client (CRM) et la gestion des données client sont essentiels pour réussir la digitalisation de la relation client. En centralisant les informations clients, en automatisant les processus, et en utilisant l'analyse des données pour personnaliser les interactions, les entreprises peuvent améliorer la satisfaction client, augmenter les ventes, et renforcer la fidélité. Cependant, pour tirer pleinement parti des CRM, les entreprises doivent surmonter les défis liés à la sécurité des données, à la qualité des données, à l'intégration des systèmes, et à l'adoption par les utilisateurs. En adoptant une approche stratégique et en exploitant les technologies disponibles, les entreprises peuvent transformer leur gestion de la relation client et se préparer à prospérer dans un environnement numérique de plus en plus complexe et compétitif.

4.2. Marketing Digital : Stratégies et Outils

Le marketing digital est un pilier essentiel de la transformation numérique des entreprises. Il permet non seulement de toucher un public plus large, mais aussi de personnaliser les messages, d'optimiser les campagnes en temps réel, et de mesurer précisément le retour sur investissement. Cette section explore les stratégies de marketing digital efficaces, les outils et plateformes disponibles, et la manière dont les entreprises peuvent tirer parti de ces ressources pour renforcer leur présence en ligne et stimuler leur croissance.

L'Essence du Marketing Digital

Le marketing digital englobe l'ensemble des activités de promotion d'une marque ou d'un produit en utilisant les canaux digitaux. Contrairement au marketing traditionnel, qui repose sur des médias comme la télévision, la radio, ou les imprimés, le marketing digital exploite des plateformes en ligne telles que les moteurs de recherche, les réseaux sociaux, les e-mails, et les sites web pour atteindre un public ciblé.

L'une des principales forces du marketing digital est sa capacité à offrir une personnalisation avancée. En utilisant des données sur les comportements des utilisateurs, les entreprises peuvent créer des campagnes marketing qui s'adressent directement aux besoins et aux préférences de chaque client. Cela se traduit par des taux d'engagement plus élevés, une meilleure conversion des prospects en clients, et une fidélité accrue.

Stratégies de Marketing Digital Efficaces

Le succès du marketing digital repose sur l'élaboration de stratégies bien pensées qui alignent les objectifs commerciaux de l'entreprise avec les attentes des clients et les opportunités offertes par les plateformes numériques. Voici quelques-unes des stratégies les plus efficaces :

Marketing de Contenu (Content Marketing)

Le marketing de contenu est une stratégie qui consiste à créer et à distribuer du contenu précieux, pertinent et cohérent pour attirer et engager un public cible clairement défini. Le but ultime est de stimuler une action profitable de la part des consommateurs, qu'il s'agisse de l'achat d'un produit, de l'inscription à une newsletter, ou de l'augmentation de la notoriété de la marque.

Le contenu peut prendre de nombreuses formes, y compris des articles de blog, des vidéos, des infographies, des podcasts, des livres blancs, et des études de cas. Le marketing de contenu repose sur l'idée que, en fournissant un contenu de qualité qui répond aux besoins et aux préoccupations des clients, une entreprise peut établir une relation de confiance et d'autorité avec son public, ce qui conduit finalement à des conversions plus élevées.

Pour réussir dans le marketing de contenu, il est essentiel de bien comprendre son audience cible. Cela nécessite des recherches approfondies pour identifier les sujets qui intéressent le public, les formats de contenu préférés, et les canaux de distribution les plus efficaces. Une fois ces éléments en place, l'entreprise peut créer un calendrier de contenu structuré qui garantit la publication régulière de contenu de haute qualité.

Optimisation pour les Moteurs de Recherche (SEO)

L'optimisation pour les moteurs de recherche (SEO) est une stratégie cruciale pour augmenter la visibilité en ligne d'une entreprise. Le SEO consiste à optimiser un site web pour qu'il soit mieux classé dans les résultats des moteurs de recherche, tels que Google. Un bon classement sur les pages de résultats des moteurs de recherche (SERP) est essentiel pour attirer un trafic organique de qualité vers le site web de l'entreprise.

Le SEO repose sur plusieurs éléments clés, notamment la recherche de mots-clés, l'optimisation on-page, l'optimisation off-page, et l'expérience utilisateur. La recherche de mots-clés implique l'identification des termes et des phrases que les utilisateurs recherchent couramment lorsqu'ils cherchent des produits ou services similaires à ceux offerts par l'entreprise. Ces mots-clés doivent ensuite être intégrés stratégiquement dans le contenu du site, y compris les titres, les balises méta, les descriptions, et le corps du texte.

L'optimisation on-page concerne les aspects techniques du site web, tels que la structure des URL, la vitesse de chargement des pages, l'optimisation des images, et la compatibilité mobile. Ces éléments sont importants pour garantir que le site est facilement accessible et navigable par les moteurs de recherche.

L'optimisation off-page, quant à elle, fait référence aux efforts visant à améliorer la réputation en ligne du site web, principalement par la création de liens entrants (backlinks) de qualité. Les backlinks provenant de sites web faisant autorité renforcent la crédibilité du site aux yeux des moteurs de recherche, ce qui peut contribuer à améliorer son classement.

Enfin, l'expérience utilisateur (UX) est un facteur de plus en plus important dans le SEO. Les moteurs de recherche, tels que Google, accordent une grande importance à l'UX, car un site web qui offre une bonne expérience utilisateur est plus susceptible de retenir les visiteurs et de les convertir en clients. Des éléments tels qu'une navigation intuitive, un design attrayant, et un contenu facilement accessible sont essentiels pour améliorer l'UX.

Publicité Payante (PPC - Pay-Per-Click)

La publicité payante, également connue sous le nom de Pay-Per-Click (PPC), est une stratégie de marketing digital où les entreprises paient pour afficher leurs annonces sur des plateformes en ligne telles que Google Ads, Facebook Ads, ou LinkedIn Ads. Contrairement au SEO, qui repose sur le trafic organique, la publicité payante permet aux entreprises de cibler directement des segments de marché spécifiques et de générer du trafic immédiat vers leur site web.

Le modèle PPC est basé sur des enchères, où les annonceurs enchérissent sur des mots-clés spécifiques ou des audiences particulières. Lorsqu'un utilisateur effectue une recherche ou parcourt un site web, les annonces sont affichées en fonction de la pertinence et de l'enchère de l'annonceur. L'annonceur ne paie que lorsque l'utilisateur clique sur l'annonce, d'où le terme "pay-per-click".

L'un des avantages de la publicité PPC est la possibilité de mesurer et d'ajuster les campagnes en temps réel. Les entreprises peuvent suivre des métriques clés telles que le coût par clic (CPC), le taux de conversion, le retour sur investissement (ROI), et d'autres indicateurs de performance. Ces données permettent d'optimiser les campagnes pour maximiser les résultats tout en minimisant les coûts.

Cependant, pour réussir dans la publicité PPC, il est essentiel de bien cibler les audiences, de choisir les bons mots-clés, et de créer des annonces convaincantes. Une mauvaise gestion des campagnes PPC peut entraîner des dépenses élevées sans retour sur investissement significatif.

Marketing sur les Réseaux Sociaux (Social Media Marketing)

Le marketing sur les réseaux sociaux est une stratégie qui consiste à utiliser des plateformes sociales telles que Facebook, Instagram, Twitter, LinkedIn, et TikTok pour promouvoir une marque, engager une audience, et générer des conversions. Les réseaux sociaux offrent une opportunité unique de toucher un large public, d'interagir directement avec les clients, et de renforcer la notoriété de la marque.

Une stratégie efficace de marketing sur les réseaux sociaux commence par l'identification des plateformes les plus pertinentes pour l'audience cible. Chaque réseau social a ses propres caractéristiques démographiques et types de contenu qui résonnent avec ses utilisateurs. Par exemple, Instagram est idéal pour les marques qui peuvent tirer parti du contenu visuel, tandis que LinkedIn est plus adapté au marketing B2B et aux contenus professionnels.

Le marketing sur les réseaux sociaux inclut à la fois des stratégies organiques et payantes. Les stratégies organiques consistent à publier du contenu régulier, à engager avec les abonnés, et à participer à des conversations en ligne pour construire une communauté autour de la marque. Les stratégies payantes, quant à elles, impliquent la création de publicités sponsorisées qui ciblent des audiences spécifiques en fonction de critères tels que l'âge, le sexe, la localisation, les centres d'intérêt, et les comportements en ligne.

Les outils d'analyse des réseaux sociaux permettent aux entreprises de suivre les performances de leurs campagnes, de mesurer l'engagement, et d'ajuster leur stratégie en fonction des résultats obtenus. Par exemple, les entreprises peuvent analyser les taux de clics, les partages, les commentaires, et les mentions pour évaluer l'efficacité de leur contenu et identifier les opportunités d'amélioration.

Marketing par E-mail (Email Marketing)

Le marketing par e-mail reste l'une des stratégies les plus efficaces pour fidéliser les clients et générer des conversions. Il permet de communiquer directement avec les clients existants et potentiels en leur envoyant des messages personnalisés qui répondent à leurs besoins et à leurs intérêts.

Une campagne d'e-mail marketing réussie repose sur plusieurs éléments clés, notamment la segmentation des listes de diffusion, la personnalisation des messages, et l'optimisation des taux d'ouverture et de clic. La segmentation consiste à diviser la liste de diffusion en groupes distincts en fonction de critères tels que le comportement d'achat, l'engagement avec la marque, ou les préférences personnelles. Cette segmentation permet d'envoyer des messages plus ciblés et plus pertinents.

La personnalisation est également cruciale pour le succès de l'e-mail marketing. Les messages personnalisés, qui utilisent le nom du destinataire, qui recommandent des produits en fonction de ses achats précédents, ou qui proposent des offres spéciales en fonction de ses centres d'intérêt, sont plus susceptibles de captiver l'attention et de générer des conversions.

Enfin, l'optimisation des e-mails pour maximiser les taux d'ouverture et de clic est essentielle. Cela inclut l'optimisation des lignes d'objet, la création de contenu attrayant, et l'utilisation d'appels à l'action (CTA) clairs et convaincants. Les tests A/B peuvent être utilisés pour comparer différentes versions d'un e-mail et déterminer quelle approche fonctionne le mieux.

Outils et Plateformes pour le Marketing Digital

Le succès des stratégies de marketing digital dépend en grande partie des outils et des plateformes utilisés pour exécuter et optimiser les campagnes. Voici quelques-uns des outils les plus couramment utilisés dans le marketing digital :

Google Analytics

Google Analytics est un outil indispensable pour toute entreprise engagée dans le marketing digital. Il permet de suivre et d'analyser le trafic sur un site web, de comprendre le comportement des utilisateurs, et de mesurer les performances des campagnes marketing. Google Analytics offre une vue d'ensemble des sources de trafic, des pages les plus visitées, des taux de conversion, et bien plus encore. Ces informations sont cruciales pour ajuster les stratégies de marketing et optimiser les résultats.

HubSpot

HubSpot est une plateforme tout-en-un qui offre des outils pour le marketing, les ventes, et le service client. Pour le marketing digital, HubSpot propose des fonctionnalités telles que la gestion des contacts, l'automatisation des e-mails, le suivi des leads, l'analyse des performances, et la création de contenu. HubSpot est particulièrement apprécié pour son interface conviviale et ses capacités d'intégration avec d'autres outils.

SEMrush

SEMrush est un outil de SEO et de marketing digital qui permet d'analyser les mots-clés, de surveiller les positions dans les moteurs de recherche, d'analyser les backlinks, et d'étudier la concurrence. SEMrush est utilisé pour optimiser les stratégies de SEO, PPC, et marketing de contenu en fournissant des données détaillées sur les performances des campagnes et les opportunités d'amélioration.

Hootsuite

Hootsuite est une plateforme de gestion des réseaux sociaux qui permet de planifier, de publier, et de suivre les performances des contenus sur plusieurs plateformes sociales. Hootsuite offre des fonctionnalités d'analyse qui aident à mesurer l'engagement, à surveiller les mentions de la marque, et à ajuster les stratégies en fonction des résultats obtenus.

Mailchimp

Mailchimp est un outil de marketing par e-mail qui permet de créer, d'envoyer, et de suivre des campagnes d'e-mails marketing. Mailchimp propose des fonctionnalités de segmentation, de personnalisation, et d'automatisation, ainsi que des analyses détaillées sur les taux d'ouverture, les clics, et les conversions. Mailchimp est particulièrement populaire auprès des petites et moyennes entreprises en raison de sa simplicité d'utilisation et de son rapport qualité-prix.

Canva

Canva est un outil de conception graphique en ligne qui permet de créer des visuels attrayants pour le marketing digital, y compris des images pour les réseaux sociaux, des bannières publicitaires, des présentations, et des e-mails. Canva est apprécié pour sa facilité d'utilisation et son large éventail de modèles personnalisables, ce qui permet aux équipes de marketing de créer du contenu visuel de qualité professionnelle sans avoir besoin de compétences en design graphique.

Les Défis du Marketing Digital

Bien que le marketing digital offre de nombreuses opportunités, il présente également des défis que les entreprises doivent surmonter pour réussir.

1. **Saturation du Marché** : Avec l'augmentation du nombre d'entreprises investissant dans le marketing digital, il devient de plus en plus difficile de se démarquer dans un marché saturé. Pour réussir, les entreprises doivent innover constamment, adopter de nouvelles technologies, et rester à l'écoute des tendances du marché.

2. **Évolution des Algorithmes** : Les algorithmes des moteurs de recherche et des réseaux sociaux évoluent constamment, ce qui peut affecter les performances des campagnes marketing. Les entreprises doivent rester informées des changements et ajuster leurs stratégies en conséquence pour maintenir leur visibilité en ligne.

3. **Gestion des Données** : La gestion des données est un aspect crucial du marketing digital, mais elle peut également être complexe. Les entreprises doivent s'assurer que les données collectées sont précises, sécurisées, et conformes aux réglementations en vigueur, telles que le RGPD.

4. **Retour sur Investissement (ROI)** : Mesurer le retour sur investissement des campagnes de marketing digital peut être difficile, en particulier lorsqu'il s'agit d'attribuer des conversions à des canaux spécifiques. Les entreprises doivent utiliser des outils d'analyse avancés pour suivre les performances et optimiser les budgets marketing.

5. **Formation et Compétences** : Le marketing digital nécessite une expertise technique et une compréhension approfondie des outils et des stratégies disponibles. Les entreprises doivent investir dans la formation continue de

leurs équipes pour rester compétitives dans un environnement en constante évolution.

Le marketing digital est un élément essentiel de la stratégie globale de toute entreprise moderne. En utilisant des stratégies efficaces telles que le marketing de contenu, le SEO, la publicité PPC, le marketing sur les réseaux sociaux, et le marketing par e-mail, les entreprises peuvent atteindre un public plus large, engager leurs clients, et générer des conversions. Cependant, pour réussir dans le marketing digital, il est crucial de surmonter les défis liés à la saturation du marché, à l'évolution des algorithmes, à la gestion des données, et à la mesure du ROI. En tirant parti des outils et des plateformes disponibles, les entreprises peuvent optimiser leurs campagnes et se positionner pour réussir dans un environnement numérique de plus en plus compétitif.

4.3. Expérience Client et Digitalisation

L'expérience client est devenue un facteur clé de différenciation pour les entreprises dans un monde où les produits et services se ressemblent de plus en plus. La digitalisation offre des outils puissants pour améliorer cette expérience, en rendant chaque interaction avec le client plus fluide, plus personnalisée et plus engageante. Dans cette section, nous explorerons comment la digitalisation transforme l'expérience client, les meilleures pratiques pour créer une expérience cohérente et les études de cas d'entreprises ayant réussi leur transition vers une expérience client digitale.

L'Importance de l'Expérience Client dans la Digitalisation

L'expérience client englobe toutes les interactions qu'un client a avec une entreprise, depuis la première prise de contact jusqu'au service après-vente. Une expérience client positive ne se limite pas à la qualité du produit ou du service, mais inclut également la manière dont le client se sent traité à chaque étape de son parcours. À l'ère du digital, où les clients sont constamment connectés et peuvent partager leurs expériences en temps réel, offrir une expérience client exceptionnelle est plus important que jamais.

La digitalisation permet aux entreprises de redéfinir l'expérience client en tirant parti des technologies pour personnaliser les interactions, améliorer la réactivité, et créer des parcours clients sans friction. Les entreprises qui réussissent à digitaliser l'expérience client peuvent non seulement fidéliser leurs clients actuels, mais aussi attirer de nouveaux clients grâce à des recommandations positives et à une réputation en ligne renforcée.

Créer une Expérience Client Digitale Cohérente

Pour créer une expérience client digitale cohérente, il est essentiel de comprendre les attentes des clients et de s'assurer que chaque point de contact digital reflète les valeurs de la marque et répond aux besoins du client. Voici quelques stratégies clés pour réussir cette transformation :

Comprendre le Parcours Client

La première étape pour créer une expérience client digitale cohérente est de cartographier le parcours client. Cela implique d'identifier tous les points de contact qu'un client a avec l'entreprise, depuis la découverte initiale jusqu'à la post-achat, et de comprendre les attentes du client à chaque étape.

Les outils d'analyse de parcours client, tels que les plateformes de gestion de l'expérience client (CXM), permettent de collecter des données sur les interactions des clients à travers différents canaux digitaux, tels que le site web, les réseaux sociaux, les applications mobiles, et les centres d'appels. Ces données peuvent ensuite être utilisées pour identifier les points de friction, les opportunités d'amélioration, et les moments clés où l'entreprise peut surprendre et ravir ses clients.

Personnalisation de l'Expérience

La personnalisation est un élément central de l'expérience client digitale. En utilisant les données collectées sur les préférences et les comportements des clients, les entreprises peuvent personnaliser chaque interaction pour la rendre plus pertinente et plus engageante.

Par exemple, une entreprise de commerce en ligne peut utiliser des recommandations de produits basées sur l'historique d'achat du client, des offres spéciales adaptées à ses préférences, ou des messages personnalisés pour le remercier de sa fidélité. De même, une banque peut personnaliser son application mobile en fonction des habitudes de dépense du client, en lui fournissant des conseils financiers personnalisés ou en lui suggérant des produits bancaires qui répondent à ses besoins spécifiques.

La personnalisation ne doit pas se limiter aux communications marketing, mais doit s'étendre à tous les aspects de l'interaction client, y compris le service client, la gestion des commandes, et le support technique. En offrant une expérience personnalisée à chaque étape du parcours client, les entreprises peuvent renforcer la fidélité, augmenter la satisfaction client, et stimuler les ventes.

Omnicanal et Cohérence de la Marque

Dans un environnement digital, les clients interagissent avec les marques à travers une multitude de canaux, y compris les sites web, les applications mobiles, les réseaux sociaux, les e-mails, et les magasins physiques. Pour offrir une expérience client cohérente, il est essentiel que tous ces canaux soient intégrés et alignés sur les mêmes valeurs de marque.

L'approche omnicanal consiste à s'assurer que les clients bénéficient d'une expérience fluide et cohérente, quel que soit le canal qu'ils utilisent pour interagir avec l'entreprise. Par exemple, un client peut commencer son parcours en recherchant des informations sur un produit sur le site web de l'entreprise, passer à une application mobile pour consulter les avis des utilisateurs, puis visiter un magasin physique pour acheter le produit. À chaque étape, l'expérience doit être cohérente en termes de messages, de design, et de service.

L'intégration des canaux digitaux et physiques permet également de mieux comprendre le parcours client et d'identifier les opportunités de cross-selling ou d'upselling. Par exemple, une entreprise de vente au détail peut envoyer des offres spéciales aux clients qui visitent régulièrement le magasin physique mais n'ont pas encore effectué d'achat en ligne, ou vice versa.

Réactivité et Support Client en Temps Réel

L'un des principaux avantages de la digitalisation est la possibilité d'offrir un support client en temps réel. Les clients d'aujourd'hui s'attendent à recevoir des réponses rapides et efficaces à leurs questions et problèmes, et la digitalisation permet de répondre à ces attentes de manière plus efficace.

Les chatbots alimentés par l'intelligence artificielle (IA) sont un outil puissant pour fournir un support client instantané. Ces chatbots peuvent répondre automatiquement aux questions fréquentes, guider les clients à travers les étapes de résolution de problèmes, et même traiter des demandes simples, comme le suivi des commandes ou la modification des informations de compte.

Cependant, il est important que les chatbots soient bien conçus et capables de reconnaître les limites de leur capacité. Lorsqu'un problème est trop complexe pour être résolu par un chatbot, il doit pouvoir transférer la conversation à un agent humain sans interruption, en fournissant à l'agent toutes les informations pertinentes collectées au cours de l'interaction.

En outre, les entreprises doivent s'assurer que leurs canaux de support client sont disponibles 24/7 et qu'ils sont accessibles via les plateformes préférées des clients, qu'il s'agisse de messagerie instantanée, de réseaux sociaux, ou d'applications mobiles.

Études de Cas : Entreprises Réussissant leur Transition vers une Expérience Client Digitale

Pour illustrer comment la digitalisation peut transformer l'expérience client, examinons quelques études de cas d'entreprises qui ont réussi à créer une expérience client digitale exceptionnelle.

Étude de Cas 1 : Starbucks et l'Omnicanal

Starbucks est un exemple emblématique d'une entreprise qui a réussi à créer une expérience client omnicanal cohérente et engageante. L'application mobile de Starbucks permet aux clients de commander à l'avance, de payer sans contact, de cumuler des points de fidélité, et de recevoir des offres personnalisées. Cette intégration transparente entre les canaux digitaux et physiques a non seulement amélioré l'efficacité du service, mais a également renforcé l'engagement des clients.

Grâce à la personnalisation offerte par l'application, Starbucks peut proposer des recommandations de boissons basées sur les préférences passées des clients, envoyer des offres spéciales pour encourager les achats répétés, et informer les clients des nouvelles offres ou des événements à venir. Cette approche omnicanal a contribué à fidéliser les clients et à augmenter les ventes, tout en offrant une expérience client fluide et personnalisée.

Étude de Cas 2 : Sephora et la Personnalisation

Sephora, le détaillant de produits de beauté, a également réussi à transformer l'expérience client en tirant parti de la personnalisation digitale. L'application mobile et le site web de Sephora offrent des fonctionnalités avancées de personnalisation, telles que la possibilité de créer un profil beauté, de recevoir des recommandations de produits basées sur les préférences personnelles, et d'accéder à des tutoriels de maquillage personnalisés.

De plus, Sephora utilise des technologies de réalité augmentée (AR) pour permettre aux clients d'essayer virtuellement des produits de maquillage avant de les acheter. Cette innovation technologique renforce l'engagement des clients en leur offrant une expérience interactive et ludique, tout en réduisant les retours de produits.

La stratégie de personnalisation de Sephora s'étend également à son programme de fidélité, où les clients reçoivent des offres et des récompenses sur mesure en fonction de leur historique d'achat et de leurs préférences. Cette approche a permis à Sephora de se différencier sur un marché concurrentiel et de renforcer la fidélité de sa clientèle.

Étude de Cas 3 : Zappos et le Service Client en Temps Réel

Zappos, le détaillant en ligne de chaussures et de vêtements, est célèbre pour son service client exceptionnel, qui a été largement amélioré grâce à la digitalisation. Zappos offre un support client 24/7 via téléphone, chat en direct, et réseaux sociaux, ce qui permet aux clients de recevoir de l'aide à tout moment et par le canal de leur choix.

L'entreprise a également investi dans des technologies de chatbots pour gérer les demandes simples, tout en garantissant que les problèmes plus complexes sont immédiatement pris en charge par des agents humains. Zappos a mis en place une culture d'entreprise centrée sur le client, où les agents de support sont encouragés à aller au-delà des attentes pour résoudre les problèmes des clients de manière rapide et efficace.

Cette approche axée sur le service en temps réel a permis à Zappos de se forger une réputation de leader en matière de satisfaction client, ce qui a renforcé la fidélité des clients et a contribué à la croissance continue de l'entreprise.

Les Défis de la Digitalisation de l'Expérience Client

Bien que la digitalisation de l'expérience client offre de nombreux avantages, elle présente également des défis que les entreprises doivent surmonter pour réussir.

1. **Gestion des Données Client** : La personnalisation de l'expérience client repose sur la collecte et l'analyse de grandes quantités de données. Cependant, la gestion de ces données peut être complexe, en particulier en ce qui concerne la sécurité, la confidentialité, et la conformité aux réglementations telles que le RGPD. Les entreprises doivent s'assurer que leurs pratiques de gestion des données sont transparentes, sécurisées, et conformes aux normes en vigueur.

2. **Intégration des Canaux** : L'intégration des canaux digitaux et physiques pour offrir une expérience omnicanal cohérente peut être un défi technique. Les entreprises doivent s'assurer que leurs systèmes sont interconnectés, que les données sont synchronisées en temps réel, et que les processus sont fluides à travers tous les points de contact.

3. **Équilibre entre Automatisation et Interaction Humaine** : Bien que l'automatisation puisse améliorer l'efficacité et la réactivité, il est important de maintenir un équilibre entre les interactions automatisées et les interactions humaines. Les clients apprécient toujours la possibilité de parler à un agent humain lorsqu'ils rencontrent des problèmes complexes ou qu'ils ont besoin d'une assistance personnalisée. Les entreprises doivent veiller à ce que leurs systèmes automatisés soient bien conçus et capables de transférer les demandes complexes à des agents humains de manière fluide.

4. **Formation et Compétences** : La digitalisation de l'expérience client nécessite une expertise technique et une compréhension approfondie des outils et des technologies disponibles. Les entreprises doivent investir dans la formation continue de leurs équipes pour s'assurer qu'elles sont capables de tirer pleinement parti des technologies digitales et d'offrir une expérience client exceptionnelle.

La digitalisation de l'expérience client est un levier puissant pour différencier une entreprise dans un marché concurrentiel. En utilisant les technologies digitales pour personnaliser les interactions, offrir un support en temps réel, et créer une expérience omnicanal cohérente, les entreprises peuvent renforcer la fidélité des clients, augmenter la satisfaction, et stimuler les ventes. Cependant, pour réussir cette transformation, il est crucial de surmonter les défis liés à la gestion des données, à l'intégration des canaux, à l'équilibre entre l'automatisation et l'interaction humaine, et à la formation des équipes. En adoptant une approche stratégique et en tirant parti des meilleures pratiques et des technologies disponibles, les entreprises peuvent créer une expérience client digitale qui non seulement répond aux attentes des clients, mais les dépasse

Chapitre 5 : Digitalisation de la Communication

5.1. Stratégies de Communication Digitale

La communication digitale est devenue un élément central des stratégies de communication des entreprises. À l'ère du numérique, les canaux de communication traditionnels ont évolué pour s'adapter aux nouvelles technologies, permettant aux entreprises d'atteindre un public plus large, de manière plus personnalisée et interactive. Cette section explore les stratégies efficaces pour construire une communication digitale solide, les outils et les plateformes clés, et comment ces éléments peuvent être utilisés pour renforcer la présence de l'entreprise en ligne.

L'Essence de la Communication Digitale

La communication digitale englobe l'ensemble des activités de communication qui utilisent les canaux numériques pour interagir avec le public cible. Ces canaux incluent les sites web, les réseaux sociaux, les blogs, les e-mails, les applications mobiles, et plus encore. Contrairement aux formes traditionnelles de communication, qui sont souvent unidirectionnelles, la communication digitale est généralement interactive, permettant aux entreprises et aux clients de dialoguer en temps réel.

L'un des principaux avantages de la communication digitale est sa capacité à offrir une personnalisation et une segmentation avancées. En utilisant des données sur les comportements des utilisateurs et des outils d'automatisation, les entreprises peuvent créer des messages qui sont non seulement pertinents pour chaque segment de leur public, mais aussi adaptés à chaque individu. Cela se traduit par une plus grande efficacité des campagnes de communication et un engagement accru du public.

Construire une Stratégie de Communication Digitale

La création d'une stratégie de communication digitale efficace nécessite une planification minutieuse, un alignement sur les objectifs commerciaux de l'entreprise, et une compréhension approfondie du public cible. Voici les étapes clés pour construire une stratégie de communication digitale réussie :

1. Définir les Objectifs de Communication

La première étape pour construire une stratégie de communication digitale consiste à définir clairement les objectifs que l'entreprise souhaite atteindre. Ces objectifs doivent être alignés avec la vision et la mission de l'entreprise, ainsi qu'avec ses objectifs commerciaux globaux.

Les objectifs de communication peuvent inclure l'augmentation de la notoriété de la marque, la génération de leads, l'engagement des clients, la fidélisation, ou la gestion de la réputation en ligne. Il est important que ces objectifs soient spécifiques, mesurables, atteignables, pertinents, et temporellement définis (SMART).

Par exemple, un objectif pourrait être d'augmenter la notoriété de la marque de 20 % sur les réseaux sociaux en six mois, ou de générer 1 000 nouveaux leads qualifiés par le biais de campagnes d'e-mail marketing d'ici la fin de l'année.

2. Identifier le Public Cible

Une fois les objectifs définis, l'étape suivante consiste à identifier le public cible de la communication digitale. Il s'agit de comprendre qui sont les clients potentiels ou actuels, quelles sont leurs préférences, leurs comportements en ligne, et leurs besoins.

La segmentation du public est cruciale pour créer des messages qui résonnent avec les différentes audiences. Cette segmentation peut être basée sur des critères démographiques (âge, sexe, localisation), psychographiques (valeurs, intérêts, styles de vie), ou comportementaux (historique d'achat, engagement en ligne).

Les personas sont des représentations fictives des segments cibles qui aident à personnaliser les messages et à choisir les canaux de communication les plus appropriés. Par exemple, une entreprise de mode pourrait créer des personas pour des segments tels que les jeunes professionnels à la recherche de tenues de bureau élégantes, ou les amateurs de fitness intéressés par des vêtements de sport tendance.

3. Choisir les Canaux de Communication

Le choix des canaux de communication dépend des objectifs et du public cible. Chaque canal numérique a ses propres caractéristiques et avantages, et il est important de sélectionner ceux qui sont les plus adaptés aux objectifs de la campagne et aux préférences du public.

Les canaux de communication digitale incluent :

- **Les Réseaux Sociaux** : Idéaux pour l'engagement en temps réel, la création de communautés, et la gestion de la réputation.
- **Les Sites Web** : Le centre de la présence en ligne de l'entreprise, offrant des informations détaillées sur les produits/services et servant de point de conversion.
- **Les Blogs** : Utilisés pour partager du contenu informatif et éducatif, renforçant l'expertise de l'entreprise dans son domaine.
- **Les E-mails** : Un canal direct pour communiquer avec les clients et prospects, idéal pour la personnalisation et la fidélisation.
- **Les Applications Mobiles** : Offrent une expérience utilisateur dédiée et facilitent l'engagement personnalisé.
- **Les Vidéos en Ligne** : Utilisées pour le storytelling, les démonstrations de produits, et le contenu visuel engageant.

4. Créer du Contenu Pertinent

Le contenu est au cœur de toute stratégie de communication digitale. Le contenu doit être non seulement informatif et engageant, mais aussi pertinent pour le public cible et aligné avec les objectifs de l'entreprise.

Les types de contenu peuvent varier en fonction du canal et de l'audience, mais ils incluent généralement :

- **Articles de Blog** : Offrant des informations détaillées sur des sujets d'intérêt pour le public, optimisés pour le SEO.
- **Infographies** : Simplifiant des données complexes en un format visuel facilement compréhensible.
- **Vidéos** : Capturant l'attention du public avec des démonstrations de produits, des témoignages de clients, ou des webinaires.
- **Publications sur les Réseaux Sociaux** : Stimuler l'engagement avec des questions, des sondages, ou des concours.
- **E-mails Personnalisés** : Envoyant des offres spéciales, des newsletters, ou des rappels basés sur les comportements d'achat.

Le contenu doit être planifié à l'avance avec un calendrier éditorial qui aligne la production de contenu avec les événements clés, les lancements de produits, ou les campagnes marketing.

5. Utiliser des Outils d'Automatisation et d'Analyse

Les outils d'automatisation et d'analyse sont essentiels pour exécuter et optimiser une stratégie de communication digitale. Les outils d'automatisation, tels que HubSpot, Marketo, ou Mailchimp, permettent de gérer les campagnes à grande échelle, d'automatiser les envois d'e-mails, de personnaliser les messages, et de suivre les interactions des utilisateurs.

Les outils d'analyse, tels que Google Analytics, SEMrush, ou Hootsuite, offrent des insights précieux sur les performances des campagnes, les sources de trafic, l'engagement des utilisateurs, et le retour sur investissement. Ces données permettent d'ajuster les stratégies en temps réel et d'optimiser les résultats.

Les Outils et Plateformes Clés pour la Communication Digitale

Pour réussir dans la communication digitale, les entreprises doivent s'appuyer sur une combinaison d'outils et de plateformes qui facilitent la création, la diffusion, et l'analyse du contenu. Voici quelques-uns des outils et plateformes les plus utilisés :

Google Analytics

Google Analytics est l'un des outils d'analyse les plus puissants et les plus largement utilisés pour surveiller et analyser le trafic sur un site web. Il permet aux entreprises de comprendre comment les utilisateurs interagissent avec leur site, quelles pages sont les plus populaires, d'où provient le trafic, et quelles sont les sources de conversion.

Google Analytics offre également des fonctionnalités avancées telles que le suivi des objectifs, l'analyse des cohortes, et l'attribution multi-canaux, qui aident à mesurer l'efficacité des différentes campagnes de communication.

Hootsuite

Hootsuite est une plateforme de gestion des réseaux sociaux qui permet de planifier, publier, et suivre les performances des publications sur plusieurs réseaux sociaux. Hootsuite offre des fonctionnalités de collaboration, d'analyse, et de surveillance, ce qui facilite la gestion des campagnes de communication sociale et l'engagement du public.

Les entreprises peuvent utiliser Hootsuite pour automatiser leurs publications, répondre rapidement aux commentaires et messages des utilisateurs, et analyser les tendances de l'engagement pour ajuster leur stratégie sociale.

HubSpot

HubSpot est une plateforme tout-en-un pour le marketing, les ventes, et le service client. En matière de communication digitale, HubSpot offre des outils d'automatisation des e-mails, de gestion des contacts, de création de landing pages, et de suivi des leads.

HubSpot est particulièrement apprécié pour ses fonctionnalités de personnalisation et de segmentation, qui permettent de créer des campagnes ciblées et de suivre l'engagement des prospects à chaque étape du parcours client.

Canva

Canva est un outil de conception graphique en ligne qui permet de créer des visuels attrayants pour les publications sur les réseaux sociaux, les bannières publicitaires, les infographies, et les présentations. Canva est particulièrement utile pour les équipes de communication qui souhaitent produire du contenu visuel de qualité sans avoir besoin de compétences en design graphique.

Avec une interface intuitive et une large gamme de modèles personnalisables, Canva facilite la création de visuels qui reflètent l'identité de marque de l'entreprise.

Mailchimp

Mailchimp est une plateforme de marketing par e-mail qui permet de créer, envoyer, et suivre des campagnes d'e-mails. Mailchimp offre des fonctionnalités de segmentation, d'automatisation, et d'analyse, qui aident les entreprises à personnaliser leurs communications et à mesurer l'efficacité de leurs campagnes.

Les entreprises peuvent utiliser Mailchimp pour envoyer des newsletters, des offres promotionnelles, ou des messages de suivi personnalisés, tout en surveillant les taux d'ouverture, les clics, et les conversions.

Zoom

Zoom est une plateforme de communication vidéo largement utilisée pour les réunions virtuelles, les webinaires, et les événements en ligne. Zoom permet aux entreprises de communiquer avec leurs clients, prospects, et employés à distance, tout en offrant une expérience interactive et engageante.

Les entreprises peuvent utiliser Zoom pour organiser des présentations de produits, des démonstrations en direct, ou des sessions de questions-réponses, en renforçant la proximité avec leur public malgré la distance physique.

Les Défis de la Communication Digitale

Bien que la communication digitale offre de nombreuses opportunités, elle présente également des défis que les entreprises doivent surmonter pour réussir.

1. **Saturation du Marché** : Avec l'explosion du contenu en ligne, il devient de plus en plus difficile de capter l'attention du public. Les entreprises doivent innover constamment, produire du contenu de qualité, et optimiser leurs campagnes pour se démarquer dans un marché saturé.

2. **Évolution des Algorithmes** : Les algorithmes des moteurs de recherche et des réseaux sociaux évoluent constamment, ce qui peut affecter la visibilité et l'engagement des contenus. Les entreprises doivent rester informées des changements et ajuster leurs stratégies en conséquence.

3. **Gestion des Données** : La communication digitale repose sur la collecte et l'analyse de données, mais la gestion de ces données peut être complexe, notamment en ce qui concerne la sécurité et la conformité aux réglementations telles que le RGPD.

4. **Mesure du ROI** : Mesurer le retour sur investissement des campagnes de communication digitale peut être difficile, en particulier lorsqu'il s'agit d'attribuer des conversions à des canaux spécifiques. Les entreprises doivent utiliser des outils d'analyse avancés pour suivre les performances et optimiser les budgets de communication.

5. **Adaptation aux Nouvelles Technologies** : La communication digitale évolue rapidement, avec l'émergence de nouvelles technologies et plateformes. Les

entreprises doivent rester agiles et prêtes à adopter ces innovations pour rester compétitives.

La communication digitale est un élément essentiel de la stratégie globale des entreprises modernes. En construisant une stratégie de communication digitale bien définie, en choisissant les bons canaux et outils, et en surmontant les défis inhérents, les entreprises peuvent renforcer leur présence en ligne, engager leur public cible, et atteindre leurs objectifs commerciaux. Cependant, le succès de la communication digitale repose sur une compréhension approfondie du public, une personnalisation avancée des messages, et une capacité à s'adapter aux évolutions du marché. En tirant parti des plateformes et des outils disponibles, les entreprises peuvent optimiser leurs campagnes de communication et se positionner pour réussir dans un environnement numérique de plus en plus compétitif.

5.2. Réseaux Sociaux et E-Réputation

Les réseaux sociaux ont transformé la manière dont les entreprises interagissent avec leurs clients et gèrent leur réputation en ligne. Ils offrent une plateforme dynamique pour engager le public, promouvoir des produits et services, et façonner l'image de marque. Cependant, la puissance des réseaux sociaux peut être à double tranchant : une mauvaise gestion peut rapidement conduire à une crise de réputation. Dans cette section, nous explorerons comment utiliser les réseaux sociaux de manière efficace pour la communication d'entreprise, les stratégies pour gérer l'e-réputation, et les défis associés à ces tâches.

L'Importance des Réseaux Sociaux dans la Communication d'Entreprise

Les réseaux sociaux sont devenus un canal de communication incontournable pour les entreprises, quel que soit leur secteur d'activité. Ils permettent de toucher un public large et diversifié, d'interagir directement avec les clients, et de diffuser des messages en temps réel. La nature interactive des réseaux sociaux offre aux entreprises une opportunité unique de dialoguer avec leur public, de recueillir des feedbacks, et de bâtir des relations durables.

Les Principaux Réseaux Sociaux et Leurs Usages

Différents réseaux sociaux offrent des avantages distincts, et il est essentiel de comprendre leurs caractéristiques pour les utiliser efficacement dans la communication d'entreprise.

Facebook

Facebook reste l'une des plateformes les plus populaires pour les entreprises, avec une audience mondiale et diversifiée. Il est idéal pour créer des communautés autour de la marque, partager des actualités, organiser des événements, et diffuser des annonces ciblées. Facebook permet également d'intégrer des boutiques en ligne directement sur la plateforme, facilitant ainsi le commerce social.

Les entreprises peuvent utiliser Facebook pour publier régulièrement du contenu engageant, tel que des vidéos, des articles de blog, des images, et des infographies. Les fonctionnalités de Facebook Live permettent également de diffuser des événements en direct, renforçant l'interaction en temps réel avec le public.

Instagram

Instagram est particulièrement populaire auprès des jeunes adultes et est centré sur le partage de contenu visuel. Les entreprises qui peuvent tirer parti de la photographie, de la mode, du design, ou des produits visuellement attractifs trouvent souvent un public engagé sur Instagram.

Les stories Instagram, les reels, et les posts permettent de créer un contenu attractif et éphémère qui capte rapidement l'attention. De plus, Instagram Shopping permet aux entreprises de taguer des produits dans leurs publications, rendant le parcours d'achat plus fluide et immédiat.

Twitter

Twitter est une plateforme de microblogging qui se distingue par sa rapidité et son format de messages courts. Il est souvent utilisé pour les communications en temps réel, les annonces rapides, et les interactions directes avec les clients.

Les entreprises utilisent Twitter pour partager des mises à jour en direct, participer à des conversations sur des sujets d'actualité, et répondre rapidement aux questions ou préoccupations des clients. Les hashtags jouent un rôle crucial pour augmenter la visibilité des tweets et pour s'insérer dans des discussions plus larges.

LinkedIn

LinkedIn est la plateforme sociale par excellence pour les professionnels et les entreprises B2B. Il est utilisé pour le réseautage, le recrutement, et le partage de contenu professionnel. LinkedIn est également un excellent outil pour établir l'autorité et la crédibilité d'une entreprise dans son domaine.

Les entreprises utilisent LinkedIn pour publier des articles de blog, partager des études de cas, annoncer des partenariats, et promouvoir des opportunités de carrière. LinkedIn permet également de cibler des publicités en fonction de critères professionnels spécifiques, tels que le poste, le secteur d'activité, et l'entreprise.

YouTube

YouTube est la plateforme de partage de vidéos la plus populaire au monde. Les entreprises utilisent YouTube pour diffuser du contenu vidéo, notamment des tutoriels, des démonstrations de produits, des témoignages clients, et des campagnes publicitaires vidéo.

La nature visuelle de YouTube permet aux entreprises de raconter des histoires engageantes et de capturer l'attention du public de manière efficace. De plus, YouTube permet de monétiser le contenu vidéo et d'atteindre une audience mondiale.

TikTok

TikTok est une plateforme émergente, particulièrement populaire auprès des jeunes générations, qui permet de partager des vidéos courtes et engageantes. Les entreprises utilisent TikTok pour créer du contenu viral, participer à des tendances, et engager un public jeune avec des campagnes créatives et interactives.

TikTok est idéal pour les marques qui cherchent à développer leur notoriété auprès d'un public jeune en utilisant des formats vidéo courts, des défis, et des collaborations avec des influenceurs.

Stratégies pour Utiliser les Réseaux Sociaux dans la Communication d'Entreprise

Une présence efficace sur les réseaux sociaux nécessite une stratégie bien définie qui aligne les objectifs commerciaux avec les caractéristiques uniques de chaque plateforme.

1. Définir des Objectifs Clairs

Comme pour toute stratégie de communication, il est essentiel de définir des objectifs clairs pour les activités sur les réseaux sociaux. Ces objectifs peuvent inclure l'augmentation de la notoriété de la marque, la génération de leads, l'amélioration de l'engagement client, ou la gestion de la réputation en ligne.

Les objectifs doivent être SMART (spécifiques, mesurables, atteignables, pertinents, et temporellement définis) pour permettre une évaluation précise des performances et des ajustements stratégiques.

2. Créer un Calendrier de Contenu

Le succès sur les réseaux sociaux repose sur la régularité et la pertinence du contenu publié. Un calendrier de contenu bien planifié aide à organiser les publications, à assurer une couverture équilibrée des sujets, et à aligner les publications avec les événements clés ou les campagnes marketing.

Le contenu doit être varié pour maintenir l'intérêt du public. Par exemple, une entreprise pourrait alterner entre des articles de blog, des vidéos, des infographies, des témoignages clients, et des sondages pour garder son audience engagée.

3. Engager avec le Public

L'un des principaux avantages des réseaux sociaux est la possibilité d'engager directement avec le public. Les entreprises doivent être actives dans les conversations, répondre rapidement aux commentaires et aux messages, et montrer qu'elles sont à l'écoute de leur audience.

L'engagement peut être stimulé par des stratégies telles que les concours, les questions-réponses, les sondages, et les discussions en direct. Les entreprises doivent également surveiller les mentions de leur marque et interagir avec les utilisateurs qui parlent de leurs produits ou services.

4. Utiliser la Publicité Sociale Ciblée

Les plateformes sociales offrent des options de publicité ciblée qui permettent aux entreprises de toucher des segments spécifiques de leur public en fonction de critères démographiques, géographiques, et comportementaux. Les publicités sociales peuvent être utilisées pour promouvoir des produits, augmenter le trafic vers le site web, ou générer des leads qualifiés.

Les campagnes publicitaires doivent être constamment surveillées et optimisées en fonction des performances, en ajustant les ciblages, les messages, et les formats pour maximiser le retour sur investissement.

5. Analyser les Performances et Ajuster la Stratégie

L'analyse des performances est cruciale pour comprendre l'efficacité des activités sur les réseaux sociaux. Les outils d'analyse, tels que Facebook Insights, Twitter Analytics, et LinkedIn Analytics, fournissent des données détaillées sur l'engagement, la portée, les clics, et les conversions.

Ces données permettent d'identifier les contenus qui résonnent le plus avec l'audience, les moments où l'engagement est le plus élevé, et les stratégies qui génèrent les meilleurs résultats. Sur la base de ces insights, les entreprises peuvent ajuster leur stratégie et affiner leurs efforts pour améliorer les résultats.

Gestion de l'E-Réputation en Ligne

L'e-réputation, ou réputation en ligne, fait référence à l'image que projette une entreprise sur internet, y compris sur les réseaux sociaux, les forums, les sites d'avis, et les blogs. Une bonne e-réputation est essentielle pour bâtir la confiance des clients et pour attirer de nouveaux prospects, tandis qu'une mauvaise e-réputation peut avoir des conséquences désastreuses pour la crédibilité et les ventes de l'entreprise.

Surveillance de l'E-Réputation

La première étape pour gérer efficacement l'e-réputation est de surveiller activement ce qui se dit sur l'entreprise en ligne. Les outils de surveillance des réseaux sociaux, tels que Mention, Brandwatch, ou Hootsuite, permettent de suivre les mentions de la marque, d'identifier les conversations pertinentes, et de repérer les commentaires négatifs ou positifs.

La surveillance régulière de l'e-réputation permet de détecter rapidement les problèmes potentiels et d'y répondre avant qu'ils ne s'aggravent. Elle offre également des insights précieux sur les perceptions des clients et sur les domaines dans lesquels l'entreprise peut s'améliorer.

Réponse aux Avis et Commentaires

Les avis en ligne, qu'ils soient positifs ou négatifs, ont un impact significatif sur l'e-réputation d'une entreprise. Il est crucial de répondre aux avis de manière professionnelle et constructive. Les avis positifs doivent être remerciés et encouragés, tandis que les avis négatifs doivent être traités rapidement et avec empathie.

Lorsqu'un client exprime une plainte, il est important de reconnaître le problème, de présenter des excuses si nécessaire, et de proposer une solution pour rectifier la situation. Une réponse bien gérée à un avis négatif peut non seulement résoudre le problème, mais aussi montrer à d'autres clients potentiels que l'entreprise prend ses engagements au sérieux et qu'elle est prête à corriger ses erreurs.

Stratégies pour Maintenir une Bonne E-Réputation

Pour maintenir une bonne e-réputation, les entreprises doivent adopter une approche proactive, en prenant des mesures pour cultiver une image positive en ligne.

Créer du Contenu Positif

Une stratégie efficace consiste à générer du contenu positif qui met en avant les valeurs, les succès, et les contributions de l'entreprise. Cela peut inclure des témoignages clients, des études de cas, des articles de blog sur les initiatives de responsabilité sociale, et des vidéos présentant les employés ou les projets innovants.

Le contenu positif aide à contrer les éventuels commentaires négatifs et à renforcer l'image de marque de l'entreprise.

Engager les Influenceurs

Les influenceurs jouent un rôle de plus en plus important dans la formation de l'e-réputation. Collaborer avec des influenceurs respectés dans votre secteur peut aider à renforcer la crédibilité de votre marque et à atteindre un public plus large.

Il est important de choisir des influenceurs dont les valeurs et l'audience correspondent à celles de votre entreprise, et de créer des partenariats authentiques qui résonnent avec leur public.

Gérer les Crises de Réputation

Malgré les meilleures intentions, les crises de réputation peuvent survenir, que ce soit à cause d'une erreur de communication, d'une mauvaise gestion, ou d'une attaque en ligne. La manière dont une entreprise gère une crise de réputation peut faire toute la différence entre une résolution rapide et une détérioration de l'image de marque.

En cas de crise, il est essentiel de réagir rapidement, de communiquer de manière transparente, et de prendre des mesures pour corriger la situation. Les entreprises doivent être prêtes à présenter des excuses publiques si nécessaire et à montrer qu'elles prennent les préoccupations des clients au sérieux.

Les Défis de la Gestion des Réseaux Sociaux et de l'E-Réputation

La gestion des réseaux sociaux et de l'e-réputation présente des défis complexes, en particulier dans un environnement en constante évolution.

1. **Gestion du Temps et des Ressources** : La gestion des réseaux sociaux demande du temps et des ressources, notamment pour la création de contenu, la surveillance des conversations, et la réponse aux commentaires. Les entreprises doivent allouer des ressources adéquates pour gérer efficacement leur présence en ligne.

2. **Maintien de la Cohérence** : La cohérence dans la communication est essentielle pour maintenir une image de marque solide. Les entreprises doivent s'assurer que tous les messages publiés sur les différents réseaux sociaux sont alignés avec les valeurs et les objectifs de l'entreprise.

3. **Réactivité** : La vitesse de réponse est cruciale sur les réseaux sociaux, où les conversations se déroulent en temps réel. Les entreprises doivent être prêtes à réagir rapidement aux événements inattendus, aux crises potentielles, ou aux opportunités de communication.

4. **Gestion des Crises** : Les crises de réputation en ligne peuvent survenir à tout moment, et leur gestion nécessite une planification préalable, une communication claire, et une approche coordonnée pour minimiser les dégâts.

Les réseaux sociaux et la gestion de l'e-réputation sont des aspects cruciaux de la communication d'entreprise dans l'ère digitale. En utilisant les réseaux sociaux de manière stratégique, en engageant activement avec le public, et en surveillant attentivement l'e-réputation, les entreprises peuvent renforcer leur image de marque, fidéliser leurs clients, et naviguer avec succès dans le paysage numérique. Cependant, pour réussir, il est essentiel de surmonter les défis liés à la gestion des ressources, à la cohérence, à la réactivité, et à la gestion des crises. En adoptant une approche proactive et en tirant parti des outils et des stratégies disponibles, les entreprises peuvent bâtir une réputation en ligne solide et durable.

5.3. Communication de Crise dans un Monde Digital

La gestion de crise est un aspect critique de la communication d'entreprise, particulièrement à l'ère du digital où les informations circulent rapidement et où les crises peuvent éclater en quelques minutes. Les réseaux sociaux, les blogs, et les plateformes de médias en ligne peuvent amplifier une crise, rendant la gestion rapide et efficace essentielle pour protéger l'image de l'entreprise. Dans cette section, nous explorerons comment préparer et gérer une crise dans un monde digital, en nous appuyant sur des stratégies éprouvées et des études de cas.

L'Importance de la Préparation à la Crise

La préparation est la clé pour gérer efficacement une crise. Les entreprises doivent anticiper les risques potentiels et mettre en place des plans de communication de crise qui peuvent être activés immédiatement en cas de besoin. Un plan de crise bien conçu permet de réagir rapidement, de limiter les dégâts, et de rétablir la confiance du public.

Les Éléments d'un Plan de Communication de Crise

Un plan de communication de crise doit inclure plusieurs éléments essentiels pour garantir une réponse coordonnée et efficace.

1. Identification des Risques Potentiels

La première étape de la préparation à une crise consiste à identifier les risques potentiels auxquels l'entreprise pourrait être confrontée. Ces risques peuvent inclure des problèmes de sécurité des produits, des violations de données, des erreurs de communication, des plaintes des clients, ou des incidents internes tels que des grèves ou des licenciements.

L'identification des risques permet de prévoir les scénarios de crise possibles et de développer des stratégies spécifiques pour y répondre. Une analyse des risques régulière est essentielle pour adapter le plan de crise aux nouvelles menaces et aux évolutions du marché.

2. Création d'une Équipe de Crise

Une équipe de crise doit être désignée à l'avance, composée de membres clés de l'entreprise, tels que des responsables de la communication, des cadres supérieurs, des juristes, et des experts en relations publiques. Cette équipe est responsable de la gestion de la crise, de la prise de décisions stratégiques, et de la communication avec le public.

L'équipe de crise doit être formée pour réagir rapidement et efficacement, en suivant les protocoles établis dans le plan de crise. Il est également important de désigner un porte-parole officiel qui sera chargé de communiquer avec les médias et le public, afin de garantir une cohérence dans les messages diffusés.

3. Élaboration de Scénarios de Crise

L'élaboration de scénarios de crise permet de prévoir les différentes situations qui pourraient survenir et de planifier les réponses appropriées. Chaque scénario doit inclure des étapes détaillées sur la manière de réagir, les messages clés à transmettre, et les canaux de communication à utiliser.

Par exemple, en cas de violation de données, le scénario pourrait inclure des actions immédiates pour sécuriser les systèmes, des notifications aux clients concernés, des déclarations publiques, et des actions pour restaurer la confiance.

4. Développement de Messages Clés

Les messages clés sont les points principaux que l'entreprise souhaite communiquer en cas de crise. Ces messages doivent être clairs, cohérents, et adaptés au public cible. Ils doivent également refléter les valeurs de l'entreprise et démontrer son engagement à résoudre le problème.

Les messages clés doivent être préparés à l'avance pour chaque scénario de crise potentiel, mais ils doivent également être suffisamment flexibles pour être ajustés en fonction de l'évolution de la situation.

5. Préparation des Canaux de Communication

Les canaux de communication à utiliser en cas de crise doivent être définis à l'avance. Ceux-ci peuvent inclure les réseaux sociaux, le site web de l'entreprise, les communiqués de presse, les e-mails aux clients, et les conférences de presse.

Les réseaux sociaux jouent un rôle crucial dans la communication de crise, car ils permettent de diffuser des informations rapidement et de répondre en temps réel aux préoccupations du public.

Cependant, il est important de veiller à ce que les messages diffusés sur les réseaux sociaux soient cohérents avec ceux des autres canaux de communication.

Gérer une Crise en Temps Réel

Lorsque survient une crise, la rapidité de la réponse est essentielle pour limiter les dégâts et protéger l'image de l'entreprise. Voici les étapes clés pour gérer une crise en temps réel :

1. Activation du Plan de Crise

Dès qu'une crise est détectée, l'équipe de crise doit être immédiatement activée, et le plan de crise doit être mis en œuvre. Cela inclut l'évaluation de la situation, la prise de décisions rapides, et la diffusion des messages clés.

La première déclaration publique doit être faite dès que possible, même si toutes les informations ne sont pas encore disponibles. L'objectif est de montrer que l'entreprise est consciente du problème, qu'elle prend des mesures pour le résoudre, et qu'elle tiendra le public informé au fur et à mesure que la situation évolue.

2. Communication Transparente et Fréquente

La transparence est cruciale lors de la gestion d'une crise. Les entreprises doivent être honnêtes sur la situation, expliquer ce qui s'est passé, ce qui est fait pour résoudre le problème, et ce que les clients peuvent attendre. Les déclarations vagues ou trompeuses peuvent aggraver la crise et nuire à la confiance du public.

Il est également important de communiquer fréquemment pour tenir le public informé de l'évolution de la situation. Les mises à jour régulières montrent que l'entreprise gère activement la crise et qu'elle prend ses responsabilités au sérieux.

3. Surveillance et Réponse sur les Réseaux Sociaux

Les réseaux sociaux jouent un rôle central dans la gestion de crise, car ils permettent de surveiller en temps réel les réactions du public et d'y répondre rapidement. Les entreprises doivent surveiller les mentions de leur marque, les hashtags liés à la crise, et les commentaires des utilisateurs pour identifier les préoccupations et y répondre.

Il est essentiel de répondre rapidement aux questions et aux préoccupations des clients sur les réseaux sociaux, en fournissant des informations claires et en rassurant le public. Les réponses doivent être personnalisées et adaptées à chaque situation pour montrer que l'entreprise prend chaque client au sérieux.

4. Collaboration avec les Médias

Les médias jouent un rôle clé dans la diffusion des informations lors d'une crise. Il est important de collaborer avec les journalistes en leur fournissant des informations précises et en étant disponible pour répondre à leurs questions.

Les entreprises doivent préparer des communiqués de presse et organiser des conférences de presse pour fournir des mises à jour officielles. Le porte-parole désigné doit être bien préparé pour répondre aux questions des médias de manière cohérente et professionnelle.

5. Prise en Charge des Conséquences

Après la gestion initiale de la crise, il est important de prendre en charge les conséquences à long terme. Cela peut inclure des actions pour réparer les dommages, telles que des compensations aux clients affectés, des améliorations des processus internes, ou des initiatives pour restaurer la réputation de l'entreprise.

Les entreprises doivent également tirer des leçons de la crise pour améliorer leur préparation future. Une analyse post-crise doit être réalisée pour évaluer ce qui a bien fonctionné, ce qui doit être amélioré, et comment éviter des crises similaires à l'avenir.

Études de Cas : Gestion de Crise dans un Monde Digital

Pour illustrer comment gérer efficacement une crise dans un monde digital, examinons quelques études de cas d'entreprises qui ont navigué avec succès à travers des crises grâce à une communication efficace.

Étude de Cas 1 : Johnson & Johnson et la Crise du Tylenol

L'une des études de cas les plus célèbres de gestion de crise est celle de Johnson & Johnson lors de la crise du Tylenol en 1982. Des capsules de Tylenol avaient été contaminées par du cyanure, entraînant la mort de sept personnes. Johnson & Johnson a immédiatement réagi en retirant tous les produits Tylenol des rayons, en communiquant de manière transparente avec le public, et en collaborant étroitement avec les autorités pour résoudre la crise.

La communication claire et honnête de Johnson & Johnson, combinée à des actions décisives pour protéger les consommateurs, a permis à l'entreprise de restaurer la confiance du public et de rebâtir sa réputation.

Étude de Cas 2 : Starbucks et la Crise du Racisme

En 2018, Starbucks a été confronté à une crise après qu'un incident de racisme a été signalé dans l'un de ses magasins à Philadelphie. Deux hommes afro-américains avaient été arrêtés par la police après avoir été faussement accusés de ne pas être des clients légitimes. L'incident a rapidement déclenché une réaction en ligne, avec des accusations de racisme systémique.

Starbucks a réagi rapidement en fermant temporairement tous ses magasins aux États-Unis pour former ses employés à la lutte contre les préjugés raciaux. L'entreprise a également communiqué de manière transparente sur l'incident, s'est excusée publiquement, et a pris des mesures pour améliorer la diversité et l'inclusion au sein de ses magasins.

Cette réponse proactive a permis à Starbucks de désamorcer la crise et de renforcer son engagement envers l'égalité et l'inclusion.

Étude de Cas 3 : Equifax et la Violation de Données

En 2017, Equifax, l'une des plus grandes agences de crédit aux États-Unis, a subi une violation massive de données qui a exposé les informations personnelles de plus de 147 millions de personnes. La gestion initiale de la crise par Equifax a été critiquée pour son manque de transparence et de rapidité, ce qui a aggravé la situation.

Cependant, Equifax a ensuite pris des mesures pour améliorer sa communication, en mettant en place des centres d'appels pour aider les victimes, en fournissant des services de surveillance de crédit gratuits, et en publiant des mises à jour régulières sur les mesures prises pour sécuriser les données.

L'incident a mis en évidence l'importance de la rapidité et de la transparence dans la gestion des crises de sécurité des données, et il a conduit à des réformes importantes dans la manière dont les entreprises gèrent et protègent les informations personnelles.

Les Défis de la Communication de Crise dans un Monde Digital

La gestion de crise à l'ère digitale présente des défis spécifiques, en raison de la rapidité de diffusion des informations et de l'importance des réseaux sociaux.

1. **Vitesse de Diffusion** : Les informations circulent à une vitesse fulgurante sur les réseaux sociaux et les plateformes de médias en ligne. Les entreprises doivent être prêtes à réagir immédiatement pour contrôler la narration et éviter que la crise ne prenne de l'ampleur.

2. **Multiplicité des Canaux** : Les crises peuvent se dérouler simultanément sur plusieurs canaux numériques, rendant la gestion de la communication plus complexe. Les entreprises doivent s'assurer que leurs messages sont cohérents et synchronisés sur tous les canaux.

3. **Gestion des Rumeurs et des Informations Erronées** : Les réseaux sociaux peuvent amplifier les rumeurs et les informations erronées, rendant difficile pour les entreprises de rétablir les faits. Une surveillance active et une communication proactive sont essentielles pour contrer les fausses informations.

4. **Pression Publique** : La pression du public peut être intense lors d'une crise, en particulier sur les réseaux sociaux où les utilisateurs exigent des réponses immédiates. Les entreprises doivent être prêtes à faire face à cette pression tout en maintenant une communication claire et mesurée.

La communication de crise dans un monde digital est un exercice délicat qui nécessite une préparation rigoureuse, une réactivité rapide, et une communication transparente. En élaborant un plan de crise solide, en formant une équipe dédiée, et en utilisant les canaux numériques de manière stratégique, les entreprises peuvent gérer efficacement les crises et protéger leur réputation. Cependant, la gestion de crise à l'ère digitale présente des défis uniques, notamment la rapidité de diffusion des informations et la gestion des rumeurs en ligne. En adoptant une approche proactive et en apprenant des crises passées, les entreprises peuvent se préparer à naviguer avec succès dans les crises futures.

Chapitre 6 : Technologie et Innovation

6.1. Big Data et Intelligence Artificielle

Le Big Data et l'Intelligence Artificielle (IA) sont des technologies clés qui transforment les entreprises en profondeur. En exploitant les vastes quantités de données générées chaque jour et en utilisant des algorithmes d'IA pour extraire des informations précieuses, les entreprises peuvent prendre des décisions plus éclairées, améliorer l'efficacité opérationnelle, et offrir des expériences client plus personnalisées. Cette section explore comment le Big Data et l'IA peuvent être utilisés pour accélérer la transformation digitale, les défis associés à leur mise en œuvre, et les opportunités qu'ils offrent pour l'innovation.

Comprendre le Big Data

Le terme "Big Data" fait référence à des ensembles de données si volumineux, complexes et variés qu'ils ne peuvent être traités efficacement avec les outils traditionnels de gestion de données. Le Big Data englobe trois dimensions principales, souvent appelées les "3V" : Volume, Variété et Vélocité.

1. Volume

Le volume fait référence à la quantité massive de données générées quotidiennement par les entreprises et les individus. Ces données proviennent de diverses sources, telles que les transactions en ligne, les capteurs IoT, les réseaux sociaux, les appareils mobiles, et bien plus encore. Le traitement de ces volumes gigantesques de données nécessite des technologies de stockage et de traitement avancées, telles que le cloud computing et les bases de données distribuées.

2. Variété

La variété fait référence à la diversité des types de données. Les données peuvent être structurées, comme les bases de données relationnelles, semi-structurées, comme les fichiers XML ou JSON, ou non structurées, comme les vidéos, les images, les e-mails, et les publications sur les réseaux sociaux. Le défi consiste à intégrer ces différents types de données dans un cadre cohérent pour les analyser de manière significative.

3. Vélocité

La vélocité fait référence à la vitesse à laquelle les données sont générées et doivent être traitées. Dans de nombreux cas, les données doivent être analysées en temps réel pour permettre des prises de décision rapides, comme dans le cas du trading en bourse, de la gestion des stocks, ou de la personnalisation des expériences client en ligne.

Les Applications du Big Data dans la Digitalisation

Le Big Data joue un rôle crucial dans la transformation digitale des entreprises, en permettant de tirer des insights précieux des données et d'optimiser les processus métiers. Voici quelques-unes des principales applications du Big Data dans la digitalisation :

1. Analyse Prédictive

L'analyse prédictive utilise les données historiques pour prédire des événements futurs. En appliquant des modèles statistiques et des algorithmes de machine learning aux données du Big Data, les entreprises peuvent anticiper les tendances, prévoir la demande, et optimiser leurs stratégies.

Par exemple, les détaillants peuvent utiliser l'analyse prédictive pour prévoir les ventes futures et ajuster leurs niveaux de stock en conséquence. Les compagnies d'assurance peuvent évaluer le risque de sinistres et ajuster leurs primes en fonction des prévisions. L'analyse prédictive permet également de personnaliser les offres pour chaque client en fonction de ses comportements passés.

2. Personnalisation de l'Expérience Client

Le Big Data permet de collecter des informations détaillées sur les comportements et les préférences des clients, ce qui permet de personnaliser les interactions et les offres. Les entreprises peuvent utiliser ces données pour créer des profils clients détaillés et segmenter leur audience en fonction de critères spécifiques.

Par exemple, une plateforme de streaming peut recommander des films et des séries basés sur les habitudes de visionnage des utilisateurs. Un site de commerce en ligne peut afficher des produits en fonction de l'historique d'achat et des recherches passées. Cette personnalisation améliore l'expérience client et augmente la probabilité de conversion.

3. Optimisation des Opérations

Le Big Data peut être utilisé pour optimiser les opérations internes des entreprises, en améliorant l'efficacité et en réduisant les coûts. Par exemple, dans la chaîne d'approvisionnement, les entreprises peuvent analyser les données de production, de transport, et de vente pour identifier les inefficacités et les points de blocage.

Les entreprises de fabrication peuvent utiliser les données de capteurs IoT pour surveiller les machines en temps réel, prévoir les pannes, et planifier la maintenance préventive. Les entreprises de services peuvent analyser les flux de travail et les processus pour identifier les goulots d'étranglement et améliorer la productivité.

4. Détection de Fraude et Sécurité

Le Big Data est également utilisé pour renforcer la sécurité des entreprises en détectant les activités frauduleuses et en protégeant les données sensibles. En analysant les transactions en temps réel et en identifiant les comportements suspects, les entreprises peuvent prévenir les fraudes avant qu'elles ne causent des dommages.

Les institutions financières utilisent des algorithmes de machine
learning pour détecter les fraudes par carte de crédit en identifiant
des modèles de comportement anormaux. Les entreprises de
cybersécurité analysent les données de réseau pour détecter les
intrusions et les violations de données. Le Big Data joue un rôle
crucial dans la sécurisation des systèmes et la protection des
informations sensibles.

Comprendre l'Intelligence Artificielle (IA)

L'Intelligence Artificielle (IA) fait référence à la simulation de
l'intelligence humaine par des machines, en particulier par des
systèmes informatiques. L'IA englobe un large éventail de
technologies, y compris le machine learning, le traitement du
langage naturel (NLP), la vision par ordinateur, et les systèmes
experts.

1. Machine Learning

Le machine learning est une sous-discipline de l'IA qui se
concentre sur le développement d'algorithmes capables d'apprendre
à partir de données. Au lieu d'être explicitement programmés pour
exécuter une tâche, les algorithmes de machine learning analysent
les données et identifient des modèles, qu'ils utilisent ensuite pour
faire des prédictions ou des décisions.

Le machine learning est utilisé dans une variété d'applications,
telles que la recommandation de produits, la détection de fraude,
l'analyse prédictive, et la reconnaissance d'image. Les modèles de
machine learning sont entraînés sur des ensembles de données
massifs et s'améliorent à mesure qu'ils sont exposés à de nouvelles
données.

2. Traitement du Langage Naturel (NLP)

Le traitement du langage naturel (NLP) est une branche de l'IA qui
se concentre sur l'interaction entre les ordinateurs et les langages
humains. Le NLP permet aux machines de comprendre,

d'interpréter, et de répondre au langage humain de manière significative.

Les applications du NLP incluent les chatbots, les assistants virtuels, l'analyse de sentiment, la traduction automatique, et la génération de texte. Par exemple, les chatbots alimentés par le NLP peuvent interagir avec les clients en temps réel, répondre à leurs questions, et les guider à travers les processus de service client.

3. Vision par Ordinateur

La vision par ordinateur est une sous-discipline de l'IA qui permet aux machines de comprendre et d'interpréter le monde visuel. En analysant les images et les vidéos, les algorithmes de vision par ordinateur peuvent identifier des objets, reconnaître des visages, analyser des mouvements, et plus encore.

Les applications de la vision par ordinateur incluent la reconnaissance faciale, les systèmes de conduite autonome, l'inspection de qualité dans la fabrication, et la surveillance de sécurité. Par exemple, les systèmes de reconnaissance faciale sont utilisés pour l'authentification biométrique, tandis que les systèmes de conduite autonome utilisent la vision par ordinateur pour détecter et éviter les obstacles sur la route.

4. Systèmes Experts

Les systèmes experts sont des programmes informatiques qui utilisent des règles basées sur les connaissances pour imiter le processus de prise de décision d'un expert humain. Ces systèmes sont utilisés dans des domaines où des décisions complexes doivent être prises, comme la médecine, l'ingénierie, et les finances.

Les systèmes experts sont capables de fournir des conseils, de diagnostiquer des problèmes, et de recommander des solutions en se basant sur une base de connaissances prédéfinie. Par exemple, un système expert médical peut aider les médecins à diagnostiquer des maladies en analysant les symptômes des patients et en comparant les résultats avec des bases de données médicales.

Les Applications de l'IA dans la Digitalisation

L'IA est un catalyseur majeur de la transformation digitale, en permettant aux entreprises d'automatiser les processus, de personnaliser les expériences client, et de prendre des décisions plus intelligentes. Voici quelques-unes des principales applications de l'IA dans la digitalisation :

1. Automatisation des Processus Métiers

L'automatisation des processus métiers est l'une des applications les plus courantes de l'IA. En utilisant des algorithmes de machine learning et des systèmes de règles, les entreprises peuvent automatiser des tâches répétitives, réduire les erreurs humaines, et améliorer l'efficacité.

Par exemple, les entreprises de services financiers utilisent l'IA pour automatiser le traitement des demandes de prêt, l'évaluation des risques, et la gestion des comptes clients. Les entreprises de fabrication utilisent l'IA pour automatiser les processus de production, optimiser les chaînes d'approvisionnement, et surveiller les machines en temps réel.

2. Personnalisation de l'Expérience Client

L'IA permet de personnaliser l'expérience client en analysant les comportements des utilisateurs et en ajustant les interactions en temps réel. Les entreprises peuvent utiliser des algorithmes de machine learning pour recommander des produits, ajuster les prix, et personnaliser les campagnes marketing en fonction des préférences individuelles.

Par exemple, les plateformes de streaming utilisent l'IA pour recommander des films et des séries en fonction des habitudes de visionnage des utilisateurs. Les sites de commerce en ligne utilisent l'IA pour afficher des produits pertinents en fonction de l'historique d'achat et des comportements de navigation.

3. Amélioration du Support Client

L'IA joue un rôle crucial dans l'amélioration du support client, en permettant aux entreprises de répondre rapidement et efficacement aux demandes des clients. Les chatbots alimentés par l'IA peuvent interagir avec les clients en temps réel, répondre à leurs questions, et les guider à travers les processus de résolution de problèmes.

Les systèmes de support client alimentés par l'IA peuvent également analyser les interactions passées pour identifier les problèmes récurrents et proposer des solutions proactives. Cela améliore non seulement l'efficacité du support client, mais aussi la satisfaction des clients.

4. Prise de Décision Basée sur les Données

L'IA permet aux entreprises de prendre des décisions plus éclairées en analysant de grandes quantités de données et en identifiant des modèles cachés. Les algorithmes de machine learning peuvent analyser des données complexes, prévoir des tendances, et recommander des actions basées sur les insights tirés des données.

Par exemple, les entreprises de commerce en ligne utilisent l'IA pour optimiser les prix en fonction de la demande, des comportements des concurrents, et des tendances du marché. Les entreprises de services financiers utilisent l'IA pour évaluer les risques de crédit, prévoir les tendances du marché boursier, et optimiser les portefeuilles d'investissement.

Les Défis de la Mise en Œuvre du Big Data et de l'IA

Bien que le Big Data et l'IA offrent de nombreuses opportunités, leur mise en œuvre présente également des défis significatifs que les entreprises doivent surmonter pour réussir.

1. **Gestion des Données** : La collecte, le stockage, et l'analyse de grandes quantités de données nécessitent des infrastructures robustes et des compétences techniques avancées. Les entreprises doivent investir dans des technologies de stockage et de traitement des données, ainsi que dans des talents capables de gérer et d'exploiter ces données de manière efficace.

2. **Sécurité et Confidentialité** : La sécurité des données et la confidentialité sont des préoccupations majeures lors de l'utilisation du Big Data et de l'IA. Les entreprises doivent mettre en place des mesures de sécurité rigoureuses pour protéger les données sensibles et se conformer aux réglementations en vigueur, telles que le RGPD.

3. **Qualité des Données** : La qualité des données est cruciale pour garantir la précision des analyses et des décisions prises par les systèmes d'IA. Les entreprises doivent s'assurer que leurs données sont propres, complètes et à jour, et qu'elles utilisent des méthodes robustes pour traiter les données manquantes ou erronées.

4. **Éthique de l'IA** : L'utilisation de l'IA soulève des questions éthiques, en particulier en ce qui concerne la transparence, l'équité, et la responsabilité. Les entreprises doivent veiller à ce que leurs algorithmes d'IA soient transparents, qu'ils ne reproduisent pas de biais injustes, et qu'ils respectent les droits des individus.

5. **Coût et Complexité** : La mise en œuvre du Big Data et de l'IA peut être coûteuse et complexe, nécessitant des investissements importants en infrastructure, en formation, et en développement. Les entreprises doivent évaluer soigneusement le retour sur investissement potentiel avant de lancer des initiatives de Big Data et d'IA.

Le Big Data et l'Intelligence Artificielle sont des technologies révolutionnaires qui transforment la manière dont les entreprises opèrent et interagissent avec leurs clients. En exploitant les vastes quantités de données disponibles et en utilisant des algorithmes d'IA pour automatiser les processus, personnaliser les expériences, et prendre des décisions basées sur les données, les entreprises peuvent gagner en efficacité, améliorer la satisfaction des clients, et stimuler l'innovation. Cependant, la mise en œuvre du Big Data et de l'IA présente des défis importants, notamment en matière de gestion des données, de sécurité, d'éthique, et de coût. En surmontant ces défis, les entreprises peuvent tirer pleinement parti des opportunités offertes par le Big Data et l'IA pour réussir leur transformation digitale.

6.2. Blockchain et Sécurité Digitale

La sécurité digitale est devenue une priorité absolue pour les entreprises à l'ère de la transformation numérique. Avec la multiplication des cybermenaces et la complexité croissante des systèmes informatiques, les entreprises doivent adopter des technologies avancées pour protéger leurs données et garantir l'intégrité de leurs transactions. La blockchain, une technologie décentralisée et transparente, s'impose comme un outil puissant pour renforcer la sécurité digitale. Cette section explore comment la blockchain peut être utilisée pour sécuriser les transactions, les données, et les communications, ainsi que les défis associés à son implémentation.

Comprendre la Blockchain

La blockchain est une technologie de registre distribué qui permet de stocker des informations de manière décentralisée, transparente, et immuable. Contrairement aux bases de données traditionnelles, où les informations sont stockées dans un seul emplacement centralisé, la blockchain répartit les données sur un réseau de nœuds (ordinateurs) qui partagent et vérifient ensemble les informations.

1. Structure et Fonctionnement de la Blockchain

La blockchain fonctionne comme un registre de transactions qui est partagé par tous les participants du réseau. Chaque transaction est enregistrée sous forme de bloc, et chaque bloc est lié au précédent par un hachage cryptographique, formant ainsi une chaîne de blocs (blockchain). Une fois qu'un bloc est ajouté à la chaîne, il ne peut plus être modifié ou supprimé, ce qui garantit l'intégrité des données.

Les transactions sont validées par un processus de consensus, où les participants du réseau (appelés "mineurs" dans le cas des blockchains publiques comme Bitcoin) vérifient l'authenticité des transactions. Une fois validées, les transactions sont ajoutées à la blockchain et deviennent accessibles à tous les participants du réseau.

2. Types de Blockchains

Il existe plusieurs types de blockchains, chacun avec ses propres caractéristiques et cas d'utilisation :

- **Blockchain Publique** : Une blockchain publique est accessible à tous et ne nécessite pas d'autorisation pour participer. Les exemples incluent Bitcoin et Ethereum, où toute personne peut rejoindre le réseau, valider des transactions, et accéder aux informations. Les blockchains publiques sont souvent utilisées pour les cryptomonnaies et les contrats intelligents.

- **Blockchain Privée** : Une blockchain privée est limitée à un groupe d'utilisateurs autorisés. Elle est généralement utilisée par des entreprises ou des consortiums qui ont besoin d'un contrôle strict sur les participants. Les blockchains privées offrent une plus grande confidentialité et sont souvent utilisées pour les transactions interentreprises (B2B) et les applications internes.

- **Blockchain Hybride** : Une blockchain hybride combine des éléments de blockchains publiques et privées. Elle permet de garder certaines informations accessibles à tous, tout en restreignant l'accès à d'autres données sensibles. Les blockchains hybrides sont utilisées dans des secteurs tels que la santé, où la confidentialité des données est cruciale, mais où une certaine transparence est également nécessaire.

Applications de la Blockchain dans les Transactions Sécurisées

La blockchain offre des avantages significatifs pour sécuriser les transactions numériques, en particulier dans des secteurs où l'intégrité, la transparence, et la traçabilité sont essentielles.

1. Paiements et Cryptomonnaies

L'une des premières applications de la blockchain a été les cryptomonnaies, avec Bitcoin comme exemple le plus emblématique. Les cryptomonnaies permettent des transactions peer-to-peer (de pair à pair) sans intermédiaires, telles que les banques ou les processeurs de paiement. Cela réduit les coûts de transaction et permet des paiements plus rapides et plus sécurisés.

Les transactions en cryptomonnaies sont enregistrées sur la blockchain, ce qui garantit leur transparence et leur immuabilité. Chaque transaction est vérifiée par les participants du réseau, ce qui élimine le besoin de confiance entre les parties et réduit le risque de fraude.

2. Contrats Intelligents

Les contrats intelligents (smart contracts) sont des programmes autonomes qui s'exécutent automatiquement lorsqu'une condition prédéfinie est remplie. Ils sont stockés sur la blockchain et peuvent être utilisés pour automatiser des processus contractuels, tels que les paiements, la livraison de biens, ou l'exécution de services.

Les contrats intelligents offrent plusieurs avantages, notamment la réduction des coûts administratifs, l'élimination des intermédiaires, et l'augmentation de la transparence. Par exemple, dans le secteur de l'immobilier, un contrat intelligent peut automatiser la libération des fonds une fois que les documents de propriété sont transférés sur la blockchain, réduisant ainsi le risque de litige.

3. Chaîne d'Approvisionnement

La blockchain est utilisée pour améliorer la traçabilité et la transparence dans les chaînes d'approvisionnement. En enregistrant chaque étape d'une chaîne d'approvisionnement sur la blockchain, les entreprises peuvent suivre les produits depuis leur origine jusqu'à leur destination finale, assurant ainsi l'authenticité et la qualité des produits.

Par exemple, dans l'industrie alimentaire, la blockchain peut être utilisée pour tracer les produits depuis la ferme jusqu'au consommateur, garantissant que les produits sont exempts de contaminants et respectent les normes de qualité. Cela est particulièrement important pour les produits périssables, où la traçabilité peut aider à prévenir les rappels de produits et à protéger la santé des consommateurs.

4. Gestion des Identités

La blockchain offre des solutions innovantes pour la gestion des identités numériques, en permettant aux utilisateurs de contrôler leurs propres informations d'identité sans dépendre d'une autorité centrale. Les identités numériques sur la blockchain sont sécurisées par des clés cryptographiques, et les utilisateurs peuvent choisir quelles informations partager et avec qui.

Cette approche décentralisée de la gestion des identités réduit le risque de vol d'identité et offre une plus grande confidentialité aux utilisateurs. Elle est particulièrement utile dans des secteurs tels que la finance et la santé, où la protection des données sensibles est primordiale.

5. Propriété Intellectuelle et Droits d'Auteur

La blockchain peut être utilisée pour protéger la propriété intellectuelle et les droits d'auteur en enregistrant les œuvres créatives sur la blockchain et en garantissant leur provenance. Les créateurs peuvent prouver qu'ils sont les auteurs originaux de leurs œuvres, et les acheteurs peuvent vérifier l'authenticité des œuvres avant de les acquérir.

Dans l'industrie musicale, par exemple, les artistes peuvent utiliser la blockchain pour enregistrer leurs compositions et distribuer leurs œuvres directement aux consommateurs, tout en recevant automatiquement les redevances grâce à des contrats intelligents. Cela réduit la dépendance aux intermédiaires et garantit que les artistes sont rémunérés équitablement pour leur travail.

L'Importance de la Sécurité dans la Transformation Digitale

La sécurité digitale est essentielle pour protéger les données, les systèmes, et les communications des entreprises contre les cybermenaces. Avec l'augmentation des attaques de cybersécurité, telles que les ransomwares, les violations de données, et le phishing, les entreprises doivent adopter une approche proactive pour sécuriser leurs infrastructures digitales.

1. Protéger les Données Sensibles

Les données sont l'un des actifs les plus précieux pour les entreprises, et leur protection est cruciale pour éviter les pertes financières, les dommages à la réputation, et les sanctions réglementaires. Les entreprises doivent mettre en place des mesures de sécurité robustes, telles que le cryptage des données, la gestion des accès, et la surveillance des activités suspectes.

La blockchain peut renforcer la sécurité des données en fournissant un registre immuable et décentralisé des transactions, ce qui rend les informations plus difficiles à falsifier ou à altérer. Les données stockées sur la blockchain sont également protégées par des mécanismes de cryptographie avancés, garantissant leur confidentialité et leur intégrité.

2. Sécuriser les Transactions Financières

Les transactions financières sont une cible majeure pour les cybercriminels, et leur protection est essentielle pour garantir la confiance des clients et des partenaires commerciaux. Les entreprises doivent utiliser des technologies de sécurité avancées, telles que l'authentification à deux facteurs (2FA), la surveillance en temps réel, et la détection des fraudes.

La blockchain peut améliorer la sécurité des transactions financières en éliminant les intermédiaires et en fournissant une traçabilité complète des fonds. Les transactions enregistrées sur la blockchain sont transparentes, vérifiables, et immuables, ce qui réduit le risque de fraude et de manipulation.

3. Prévenir les Attaques Cybernétiques

Les cyberattaques peuvent causer des perturbations majeures aux opérations des entreprises, entraînant des pertes financières, des interruptions de service, et des dommages à la réputation. Les entreprises doivent mettre en place des stratégies de cybersécurité complètes pour prévenir les attaques, détecter les menaces en temps réel, et réagir rapidement en cas d'incident.

La blockchain peut jouer un rôle dans la prévention des cyberattaques en fournissant une infrastructure décentralisée et résiliente. Contrairement aux systèmes centralisés, où un seul point de défaillance peut être exploité par des attaquants, la blockchain répartit les données sur un réseau de nœuds, rendant le système plus difficile à attaquer.

4. Conformité Réglementaire

La conformité aux réglementations en matière de protection des données, telles que le Règlement Général sur la Protection des Données (RGPD) en Europe, est essentielle pour éviter les amendes et les sanctions. Les entreprises doivent s'assurer que leurs pratiques de gestion des données respectent les normes légales et qu'elles sont prêtes à démontrer leur conformité en cas d'audit.

La blockchain peut aider à renforcer la conformité en fournissant un enregistrement transparent et immuable des transactions et des accès aux données. Les régulateurs peuvent auditer les informations stockées sur la blockchain pour vérifier que les entreprises respectent les lois en vigueur.

Les Défis de l'Implémentation de la Blockchain

Bien que la blockchain offre des avantages significatifs pour la sécurité digitale, son implémentation présente également des défis importants que les entreprises doivent surmonter.

1. **Complexité Technique** : La mise en œuvre de la blockchain peut être complexe, en particulier pour les entreprises qui ne disposent pas des compétences techniques nécessaires. Le développement, le déploiement, et la gestion d'une blockchain nécessitent une expertise en cryptographie, en réseaux distribués, et en programmation.

2. **Coût** : L'implémentation de solutions basées sur la blockchain peut être coûteuse, notamment en termes d'infrastructure, de développement, et de maintenance. Les entreprises doivent évaluer les coûts par rapport aux avantages potentiels avant de décider d'adopter la blockchain.

3. **Scalabilité** : La scalabilité est un défi majeur pour les blockchains publiques, où le traitement des transactions peut devenir lent à mesure que le réseau grandit. Les entreprises doivent choisir des solutions blockchain qui offrent des performances suffisantes pour répondre à leurs besoins sans compromettre la sécurité ou la décentralisation.

4. **Interopérabilité** : Les blockchains ne sont pas toujours compatibles entre elles, ce qui peut poser des problèmes d'interopérabilité. Les entreprises doivent s'assurer que leurs solutions blockchain peuvent interagir avec d'autres

systèmes et plateformes, en particulier dans un environnement interentreprises.

5. **Réglementation et Gouvernance** : La réglementation autour de la blockchain est encore en évolution, et les entreprises doivent naviguer dans un paysage juridique incertain. De plus, la gouvernance des blockchains, en particulier des blockchains publiques, peut être complexe et nécessiter des mécanismes de consensus qui respectent les intérêts de tous les participants.

Opportunités Futures de la Blockchain pour la Sécurité Digitale

Malgré les défis, la blockchain offre des opportunités prometteuses pour l'avenir de la sécurité digitale. À mesure que la technologie évolue, de nouvelles applications et solutions émergeront, renforçant davantage la protection des données, des transactions, et des communications.

1. Systèmes de Vote Électronique Sécurisés

La blockchain pourrait révolutionner les systèmes de vote électronique en garantissant la transparence, l'intégrité, et la confidentialité des votes. Chaque vote pourrait être enregistré sur une blockchain, où il serait immuable et accessible à tous les participants, éliminant ainsi le risque de fraude électorale.

Les systèmes de vote basés sur la blockchain pourraient également permettre un dépouillement plus rapide et plus précis des résultats, tout en renforçant la confiance du public dans le processus électoral. Plusieurs projets pilotes dans le monde entier explorent déjà cette application de la blockchain.

2. Systèmes de Gestion de la Chaîne d'Approvisionnement Avancés

La blockchain continuera de transformer les chaînes d'approvisionnement en offrant une traçabilité et une transparence accrues. À l'avenir, les entreprises pourraient utiliser la blockchain pour surveiller chaque étape du cycle de vie des produits, depuis la fabrication jusqu'à la distribution, en passant par la consommation et le recyclage.

Les consommateurs pourraient avoir accès à des informations détaillées sur l'origine et l'authenticité des produits via des applications basées sur la blockchain, renforçant ainsi la confiance et la transparence. De plus, les entreprises pourraient utiliser ces données pour optimiser leurs processus, réduire les coûts, et minimiser les risques.

3. Solutions de Sécurité pour l'Internet des Objets (IoT)

L'Internet des Objets (IoT) est un domaine où la blockchain peut jouer un rôle crucial dans la sécurité. Avec des milliards d'appareils connectés à Internet, la protection de ces appareils contre les cybermenaces est un défi majeur. La blockchain pourrait fournir une infrastructure décentralisée et sécurisée pour la gestion des identités des appareils IoT, l'authentification, et la gestion des accès.

Les réseaux IoT basés sur la blockchain pourraient être moins vulnérables aux cyberattaques, car ils éliminent les points de défaillance centralisés et offrent une traçabilité complète des communications et des mises à jour logicielles.

4. Propriété Digitale et Droits d'Auteur

La blockchain pourrait également transformer la manière dont la propriété digitale et les droits d'auteur sont gérés. En enregistrant les œuvres créatives sur la blockchain, les artistes, les écrivains, les musiciens, et les créateurs de contenu pourraient protéger leurs droits de manière plus efficace et transparente.

Les contrats intelligents pourraient automatiser la gestion des licences, le suivi des utilisations, et le paiement des redevances, offrant ainsi une plus grande protection aux créateurs tout en simplifiant les transactions pour les acheteurs. Cette approche pourrait également réduire la piraterie et garantir que les créateurs sont équitablement rémunérés pour leur travail.

La blockchain est une technologie révolutionnaire qui offre des opportunités significatives pour renforcer la sécurité digitale dans un monde de plus en plus connecté et vulnérable aux cybermenaces. En fournissant une infrastructure décentralisée, transparente, et immuable, la blockchain peut sécuriser les transactions, protéger les données sensibles, et garantir la conformité aux réglementations. Cependant, la mise en œuvre de la blockchain présente des défis techniques, juridiques, et économiques que les entreprises doivent surmonter pour tirer pleinement parti de cette technologie.

À l'avenir, la blockchain pourrait jouer un rôle encore plus important dans la sécurité digitale, avec des applications innovantes dans des domaines tels que le vote électronique, l'Internet des Objets, et la gestion des droits d'auteur. En adoptant une approche proactive et en investissant dans la recherche et le développement, les entreprises peuvent se préparer à exploiter le potentiel de la blockchain pour transformer leur sécurité digitale et protéger leurs actifs les plus précieux.

6.3. L'Internet des Objets (IoT) et Son Impact

L'Internet des Objets (IoT) représente l'une des avancées technologiques les plus significatives de notre époque, reliant des milliards d'appareils à travers le monde et transformant les secteurs de l'industrie, de la santé, de la logistique, de la maison connectée, et bien d'autres encore. En connectant des objets physiques à Internet, l'IoT permet de collecter, échanger, et analyser des données en temps réel, ouvrant la voie à de nouvelles opportunités pour l'efficacité, la personnalisation, et l'innovation. Cette section explore comment l'IoT influence la transformation digitale, les défis liés à son adoption, et les exemples d'applications réussies dans différents secteurs.

Comprendre l'Internet des Objets (IoT)

L'Internet des Objets désigne un réseau d'objets physiques équipés de capteurs, de logiciels, et d'autres technologies permettant de collecter et d'échanger des données avec d'autres appareils et systèmes via Internet. Ces objets peuvent inclure des appareils aussi variés que des thermostats intelligents, des montres connectées, des voitures autonomes, des machines industrielles, et des dispositifs médicaux.

L'IoT repose sur plusieurs technologies clés, notamment les capteurs, les réseaux sans fil, le cloud computing, et l'intelligence artificielle. Ensemble, ces technologies permettent de capturer des données en temps réel, de les analyser, et d'agir en fonction des informations obtenues, souvent de manière automatisée.

Les Principaux Composants de l'IoT

L'IoT est composé de plusieurs éléments essentiels qui permettent le fonctionnement de cet écosystème complexe :

1. **Capteurs et Actionneurs** : Les capteurs sont au cœur de l'IoT, capturant des données sur l'environnement physique, telles que la température, l'humidité, le mouvement, ou la lumière. Les actionneurs, quant à eux, réagissent aux données reçues pour effectuer une action, comme allumer une lumière ou ajuster la température d'un thermostat.

2. **Connectivité** : La connectivité permet aux objets IoT de communiquer entre eux et avec des systèmes centralisés. Cela peut se faire via des réseaux sans fil (Wi-Fi, Bluetooth, Zigbee), des réseaux mobiles (3G, 4G, 5G), ou des réseaux à longue portée et faible consommation (LoRaWAN, Sigfox).

3. **Plateformes IoT** : Les plateformes IoT sont des logiciels qui permettent de gérer les appareils IoT, de collecter et de stocker les données, et d'analyser les informations en temps réel. Ces plateformes sont souvent hébergées dans le cloud, offrant une évolutivité et une flexibilité accrues.

4.   **Intelligence Artificielle et Machine Learning** : L'IA et le machine learning jouent un rôle clé dans l'IoT, en permettant l'analyse des données collectées et en automatisant les décisions basées sur ces données. Par exemple, un système IoT peut utiliser des algorithmes de machine learning pour prédire une panne de machine et déclencher une maintenance préventive.

Les Applications de l'IoT dans la Transformation Digitale

L'IoT a un impact profond sur de nombreux secteurs, transformant les modèles commerciaux, améliorant l'efficacité opérationnelle, et ouvrant de nouvelles opportunités pour l'innovation.

1. Industrie 4.0 et Usines Connectées

L'IoT est au cœur de l'Industrie 4.0, une révolution industrielle qui intègre les technologies numériques dans les processus de fabrication. Les usines connectées utilisent des capteurs IoT pour surveiller et contrôler les machines en temps réel, optimisant ainsi la production, réduisant les temps d'arrêt, et améliorant la qualité des produits.

Par exemple, les capteurs IoT installés sur des machines industrielles peuvent surveiller les vibrations, la température, et l'usure des composants, permettant de prédire les pannes avant qu'elles ne surviennent. Les données collectées sont analysées pour optimiser les calendriers de maintenance, réduire les coûts de réparation, et prolonger la durée de vie des équipements.

L'IoT permet également de personnaliser la production en fonction des besoins spécifiques des clients, en ajustant automatiquement les paramètres des machines pour répondre aux commandes individuelles. Cela permet une production plus flexible et une meilleure réponse aux demandes du marché.

2. Santé Connectée

L'IoT transforme le secteur de la santé en offrant des solutions de suivi en temps réel, de gestion des maladies chroniques, et de soins à distance. Les dispositifs médicaux connectés, tels que les montres intelligentes, les glucomètres connectés, et les moniteurs de pression artérielle, permettent aux patients et aux professionnels de la santé de suivre les paramètres de santé en temps réel.

Par exemple, un pacemaker connecté peut transmettre des données sur le rythme cardiaque d'un patient à un médecin, qui peut surveiller à distance l'état du patient et ajuster le traitement en conséquence. De même, les patients atteints de maladies chroniques peuvent utiliser des dispositifs IoT pour surveiller leur état de santé à domicile et partager les données avec leur médecin, réduisant ainsi la nécessité de visites fréquentes à l'hôpital.

L'IoT facilite également la gestion des hôpitaux intelligents, où les dispositifs connectés sont utilisés pour surveiller l'utilisation des lits, optimiser les flux de travail, et gérer les stocks de médicaments. Cela améliore l'efficacité opérationnelle et la qualité des soins tout en réduisant les coûts.

3. Logistique et Chaînes d'Approvisionnement

L'IoT joue un rôle crucial dans l'optimisation des chaînes d'approvisionnement et de la logistique, en offrant une visibilité en temps réel sur les mouvements des marchandises et en améliorant la gestion des stocks.

Par exemple, les capteurs IoT installés sur des conteneurs de transport peuvent suivre la localisation, la température, l'humidité, et l'état des marchandises pendant le transport. Les données collectées permettent aux entreprises de surveiller les conditions de transport, de prévenir les dommages aux produits, et de planifier les livraisons en fonction des conditions réelles.

Les entrepôts intelligents utilisent également l'IoT pour optimiser la gestion des stocks, en surveillant les niveaux de stock en temps réel et en automatisant le réapprovisionnement. Cela permet de réduire les coûts de stockage, d'éviter les ruptures de stock, et d'améliorer l'efficacité de la chaîne d'approvisionnement.

4. Villes Intelligentes

L'IoT est un pilier central des villes intelligentes, où les technologies numériques sont utilisées pour améliorer la qualité de vie des citoyens, optimiser les services publics, et réduire l'impact environnemental.

Les capteurs IoT sont utilisés pour surveiller la qualité de l'air, la gestion des déchets, l'éclairage public, et la gestion du trafic. Par exemple, des capteurs installés dans les rues peuvent surveiller la densité du trafic en temps réel et ajuster les feux de signalisation pour réduire les embouteillages. Les poubelles connectées peuvent signaler aux services municipaux lorsqu'elles sont pleines, optimisant ainsi les itinéraires de collecte des déchets.

Les compteurs intelligents sont également utilisés pour surveiller la consommation d'énergie et d'eau, permettant aux citoyens de suivre leur consommation en temps réel et de prendre des mesures pour réduire leur impact environnemental. Les villes intelligentes utilisent également l'IoT pour améliorer la sécurité publique, en surveillant les espaces publics et en réagissant rapidement aux incidents.

5. Maisons Connectées

Les maisons connectées sont devenues une réalité grâce à l'IoT, offrant aux consommateurs un contrôle accru sur leur environnement domestique. Les appareils connectés, tels que les thermostats intelligents, les systèmes de sécurité, les éclairages, et les appareils électroménagers, permettent de créer des maisons plus sûres, plus confortables, et plus économes en énergie.

Par exemple, un thermostat intelligent peut apprendre les habitudes de température des occupants et ajuster automatiquement le chauffage ou la climatisation pour maximiser le confort tout en réduisant la consommation d'énergie. Les systèmes de sécurité connectés permettent aux propriétaires de surveiller leur maison à distance, de recevoir des alertes en cas d'intrusion, et de contrôler les accès via leur smartphone.

Les maisons connectées peuvent également intégrer des assistants vocaux, tels qu'Amazon Alexa ou Google Assistant, pour permettre un contrôle vocal des appareils domestiques. Cela offre une expérience utilisateur fluide et intuitive, améliorant la commodité et la qualité de vie des résidents.

Les Défis de l'Adoption de l'IoT

Malgré les avantages considérables de l'IoT, son adoption présente plusieurs défis que les entreprises et les consommateurs doivent surmonter pour tirer pleinement parti de cette technologie.

1. **Sécurité et Confidentialité** : La sécurité est l'un des principaux défis de l'IoT, car chaque appareil connecté représente un point d'entrée potentiel pour les cyberattaques. Les entreprises doivent mettre en place des mesures de sécurité robustes pour protéger les données collectées par les dispositifs IoT et prévenir les accès non autorisés.

La confidentialité des données est également une préoccupation majeure, car les dispositifs IoT collectent souvent des informations sensibles sur les utilisateurs. Les entreprises doivent garantir que les données personnelles sont protégées et conformes aux réglementations en vigueur, telles que le RGPD.

2. **Interopérabilité** : L'IoT repose sur un large éventail de technologies et de protocoles, ce qui pose des défis d'interopérabilité. Les entreprises doivent s'assurer que les dispositifs IoT de différents fabricants peuvent communiquer entre eux et fonctionner de manière cohérente au sein d'un écosystème connecté.

L'absence de normes communes peut compliquer l'intégration des dispositifs IoT et limiter leur efficacité. Pour surmonter ce défi, les entreprises doivent adopter des plateformes IoT ouvertes et compatibles avec un large éventail de technologies.

3.   **Évolutivité** : À mesure que le nombre de dispositifs IoT continue de croître, l'évolutivité devient un défi majeur. Les entreprises doivent s'assurer que leurs infrastructures réseau, leurs plateformes de gestion, et leurs capacités de traitement de données peuvent gérer le volume croissant de données générées par les dispositifs IoT.

L'évolutivité nécessite des investissements dans des infrastructures robustes et flexibles, telles que le cloud computing et les réseaux à large bande, ainsi que l'adoption de technologies de traitement des données en temps réel.

4.   **Coût** : Le coût de mise en œuvre de l'IoT peut être élevé, en particulier pour les entreprises qui doivent investir dans de nouveaux dispositifs, des infrastructures réseau, et des plateformes de gestion. Les entreprises doivent évaluer soigneusement le retour sur investissement potentiel de l'IoT et s'assurer que les avantages en termes d'efficacité, de productivité, et d'innovation justifient les dépenses initiales.

Les coûts de maintenance et de mise à jour des dispositifs IoT doivent également être pris en compte, car les technologies évoluent rapidement et les dispositifs peuvent nécessiter des mises à jour régulières pour rester efficaces et sécurisés.

5.   **Gestion des Données** : L'IoT génère d'énormes volumes de données, ce qui pose des défis en matière de collecte, de stockage, et d'analyse des informations. Les entreprises doivent mettre en place des solutions de gestion des données robustes pour tirer pleinement parti des informations collectées et prendre des décisions basées sur les données.

L'analyse des données IoT nécessite des compétences spécialisées en science des données et en intelligence artificielle, ainsi que des outils avancés pour extraire des insights exploitables à partir des données collectées.

L'Internet des Objets est une technologie révolutionnaire qui transforme de nombreux secteurs en connectant des objets physiques à Internet et en permettant la collecte, l'échange, et l'analyse de données en temps réel. De l'industrie 4.0 aux maisons connectées, en passant par les villes intelligentes et la santé connectée, l'IoT ouvre de nouvelles opportunités pour l'efficacité, la personnalisation, et l'innovation.

Cependant, l'adoption de l'IoT présente également des défis importants, notamment en matière de sécurité, d'interopérabilité, d'évolutivité, de coût, et de gestion des données. Pour tirer pleinement parti de l'IoT, les entreprises et les consommateurs doivent adopter une approche proactive, en investissant dans les infrastructures nécessaires, en mettant en place des mesures de sécurité robustes, et en s'assurant que les dispositifs IoT sont intégrés de manière cohérente au sein de leurs écosystèmes.

À mesure que l'IoT continue de se développer, son impact sur la transformation digitale ne fera que croître, offrant de nouvelles possibilités pour améliorer la qualité de vie, stimuler l'innovation, et créer de la valeur pour les entreprises et les consommateurs.

Chapitre 7 : Études de Cas : Réussites et Échecs

7.1. Études de Cas de Réussites en Digitalisation

La transformation digitale est un défi complexe, mais les entreprises qui réussissent à l'adopter efficacement peuvent obtenir des avantages concurrentiels significatifs, tels que l'amélioration de l'efficacité opérationnelle, l'augmentation de la satisfaction client, et la création de nouvelles sources de revenus. Dans cette section, nous explorerons plusieurs études de cas d'entreprises qui ont réussi leur transformation digitale, en examinant les stratégies qu'elles ont utilisées, les défis qu'elles ont surmontés, et les résultats qu'elles ont obtenus.

Étude de Cas 1 : Netflix - De la Location de DVD à la Diffusion en Streaming

Contexte et Défi

Netflix a commencé comme un service de location de DVD par courrier en 1997. À cette époque, le marché était dominé par des entreprises de location physique comme Blockbuster, et la proposition de valeur de Netflix reposait sur la commodité de la livraison à domicile. Cependant, au début des années 2000, l'émergence de la technologie de streaming vidéo a ouvert de nouvelles possibilités, et Netflix a décidé de se transformer en une plateforme de streaming numérique.

Le principal défi pour Netflix était de convaincre ses abonnés de passer du support physique au streaming, tout en développant l'infrastructure nécessaire pour diffuser des contenus de haute qualité en ligne. La transition a également nécessité un investissement important dans les licences de contenu et le développement d'algorithmes de recommandation pour personnaliser l'expérience utilisateur.

Stratégies et Mise en Œuvre

Netflix a adopté une approche progressive pour sa transformation digitale. Tout d'abord, l'entreprise a commencé à tester le service de streaming parallèlement à son activité principale de location de DVD. Cette phase pilote a permis à Netflix de comprendre les besoins des utilisateurs et de peaufiner la technologie avant de la déployer à grande échelle.

L'un des éléments clés de la stratégie de Netflix a été de se concentrer sur l'expérience utilisateur. L'entreprise a investi massivement dans des algorithmes de recommandation basés sur le machine learning pour personnaliser les suggestions de films et de séries pour chaque abonné. Ces recommandations ont non seulement amélioré la satisfaction client, mais ont également augmenté le temps de visionnage et la fidélité des abonnés.

Netflix a également été l'un des premiers à adopter le modèle du cloud computing, en s'associant à Amazon Web Services (AWS) pour gérer l'infrastructure de streaming. Ce choix a permis à Netflix de gérer efficacement des pics de demande, d'étendre son service à l'international, et de se concentrer sur l'amélioration continue de la plateforme.

Résultats et Impact

La transformation digitale de Netflix a été un immense succès. Aujourd'hui, Netflix est le leader mondial du streaming vidéo avec plus de 200 millions d'abonnés dans plus de 190 pays. L'entreprise a non seulement révolutionné la manière dont les gens consomment du contenu, mais elle a également redéfini l'industrie du divertissement en investissant dans la production de contenu original, ce qui lui a permis de se différencier de ses concurrents.

Les algorithmes de recommandation de Netflix sont devenus un modèle dans l'industrie pour leur capacité à anticiper les préférences des utilisateurs et à les maintenir engagés. De plus, l'adoption du cloud computing a permis à Netflix de gérer efficacement sa croissance rapide et de fournir un service fiable et de haute qualité à ses abonnés partout dans le monde.

Leçons Tirées

L'une des principales leçons de la réussite de Netflix est l'importance de l'innovation continue. En investissant dans la technologie et en restant à l'écoute des besoins des utilisateurs, Netflix a pu non seulement suivre, mais devancer les tendances du marché. La flexibilité et la capacité à pivoter rapidement, tout en maintenant un fort accent sur l'expérience utilisateur, ont été des facteurs clés de ce succès.

Étude de Cas 2 : Domino's Pizza - La Réinvention Numérique d'une Chaîne de Restauration

Contexte et Défi

Domino's Pizza, fondée en 1960, est l'une des chaînes de restauration rapide les plus reconnues au monde. Cependant, au début des années 2000, l'entreprise faisait face à une concurrence féroce et à une perception de qualité en déclin. Pour inverser la tendance, Domino's a entrepris une transformation numérique ambitieuse, avec l'objectif de devenir une entreprise de technologie autant qu'une entreprise de pizza.

Le principal défi pour Domino's était de moderniser son modèle d'affaires traditionnel et d'améliorer la perception de la qualité de ses produits tout en développant une plateforme numérique robuste pour attirer une nouvelle génération de clients.

Stratégies et Mise en Œuvre

Domino's a commencé par repenser son produit de base : la pizza. L'entreprise a lancé une vaste campagne de reformulation de ses recettes, en intégrant les retours des clients et en améliorant la qualité des ingrédients. Ce processus a été accompagné d'une campagne marketing transparente, où Domino's a reconnu ses défauts passés et a promis de s'améliorer, gagnant ainsi la confiance des consommateurs.

En parallèle, Domino's a investi massivement dans le développement de sa plateforme numérique. L'entreprise a lancé une application mobile et un site web intuitif qui permettaient aux clients de commander rapidement et facilement. L'une des innovations les plus marquantes a été le suivi en temps réel des commandes, où les clients pouvaient voir exactement quand leur pizza était préparée, cuite, et livrée.

Domino's a également intégré des technologies de pointe comme la commande vocale via des assistants virtuels et des chatbots, ainsi que la possibilité de commander via des plateformes sociales et des appareils connectés comme les smartwatches et les téléviseurs intelligents. Ces initiatives ont non seulement simplifié le processus de commande, mais ont également renforcé l'engagement des clients avec la marque.

Résultats et Impact

La transformation digitale de Domino's a porté ses fruits de manière spectaculaire. Aujourd'hui, plus de 70 % des commandes de Domino's aux États-Unis sont passées via des canaux numériques. L'entreprise a enregistré une croissance soutenue de ses ventes et a vu sa part de marché augmenter, surpassant de nombreux concurrents traditionnels.

L'accent mis par Domino's sur l'innovation numérique a également permis de renforcer la fidélité des clients et d'améliorer la perception de la marque. Domino's est désormais perçu comme un leader en matière de technologie dans l'industrie de la restauration rapide, offrant une expérience client fluide et moderne.

Leçons Tirées

L'expérience de Domino's souligne l'importance d'une approche centrée sur le client dans la transformation digitale. En écoutant les retours des clients et en intégrant des innovations qui améliorent directement l'expérience utilisateur, Domino's a réussi à se réinventer et à revitaliser sa marque. Cette étude de cas montre également que même les entreprises traditionnelles peuvent tirer parti de la technologie pour transformer leur modèle d'affaires et rester compétitives.

Étude de Cas 3 : General Electric (GE) - L'Industrie 4.0 et la Réinvention Numérique

Contexte et Défi

General Electric (GE), l'une des plus grandes entreprises industrielles du monde, a entrepris une transformation digitale ambitieuse au début des années 2010 sous la direction de son PDG de l'époque, Jeff Immelt. L'objectif était de transformer GE en une entreprise de l'Industrie 4.0, en intégrant les technologies numériques dans ses opérations industrielles pour créer de nouvelles sources de revenus et améliorer l'efficacité.

Le défi pour GE était de moderniser ses processus industriels traditionnels en adoptant des technologies numériques telles que l'Internet des Objets (IoT), l'analyse des données, et l'intelligence artificielle, tout en développant une culture d'innovation au sein de l'entreprise.

Stratégies et Mise en Œuvre

GE a lancé la plateforme Predix, une plateforme basée sur le cloud conçue pour l'Internet des Objets industriels. Predix permettait aux entreprises de connecter leurs machines, de collecter des données en temps réel, et d'analyser ces données pour optimiser les performances et la maintenance des équipements.

L'une des applications les plus réussies de Predix a été dans la maintenance prédictive, où les capteurs installés sur les machines industrielles collectaient des données sur les vibrations, la température, et d'autres variables critiques. Ces données étaient analysées pour prédire les pannes avant qu'elles ne surviennent, permettant ainsi aux entreprises de planifier des interventions de maintenance préventive et de réduire les temps d'arrêt.

GE a également investi dans l'intelligence artificielle pour améliorer la conception et la fabrication de ses produits. Par exemple, dans le secteur de l'aviation, GE a utilisé l'IA pour optimiser la conception des moteurs d'avion, réduisant ainsi le poids et améliorant l'efficacité énergétique.

Résultats et Impact

Bien que GE ait rencontré des défis dans son parcours de transformation digitale, notamment en raison de la complexité de son modèle d'affaires et des conditions économiques difficiles, la plateforme Predix a démontré le potentiel des technologies numériques pour transformer l'industrie.

GE a réussi à établir une position de leader dans l'Industrie 4.0, en aidant d'autres entreprises à adopter des technologies numériques pour améliorer leur efficacité et créer de nouvelles opportunités commerciales. La maintenance prédictive, en particulier, a permis à GE de réduire les coûts pour ses clients et d'améliorer la fiabilité de leurs opérations.

Leçons Tirées

L'expérience de GE montre que la transformation digitale dans les industries lourdes est complexe et nécessite un engagement à long terme. Les entreprises qui réussissent doivent non seulement adopter de nouvelles technologies, mais aussi transformer leur culture organisationnelle pour encourager l'innovation et l'agilité. L'étude de cas de GE souligne également l'importance de la collaboration avec les clients pour développer des solutions numériques qui répondent directement à leurs besoins.

Étude de Cas 4 : Starbucks - L'Expérience Client à l'Ère du Digital

Contexte et Défi

Starbucks, la célèbre chaîne de cafés, a toujours été axée sur l'expérience client. Cependant, avec l'évolution des attentes des consommateurs et l'essor des technologies numériques, Starbucks a reconnu la nécessité de moderniser son approche pour rester compétitif. L'entreprise a donc entrepris une transformation digitale pour améliorer l'expérience client à travers tous les points de contact, y compris les magasins physiques, les applications mobiles, et les plateformes sociales.

Le défi pour Starbucks était de tirer parti des technologies numériques pour personnaliser l'expérience client tout en renforçant la fidélité à la marque dans un marché de plus en plus concurrentiel.

Stratégies et Mise en Œuvre

Starbucks a lancé une application mobile innovante qui permettait aux clients de commander et de payer avant d'arriver en magasin. Cette fonctionnalité, appelée "Mobile Order & Pay", a non seulement réduit les temps d'attente, mais a également offert une expérience plus fluide et pratique aux clients.

L'application Starbucks est devenue un outil central de la stratégie numérique de l'entreprise, offrant des fonctionnalités telles que le programme de fidélité "Starbucks Rewards", qui récompense les clients pour leurs achats avec des points échangeables contre des boissons et des aliments gratuits. Les données collectées via l'application permettent à Starbucks de personnaliser les offres et les recommandations pour chaque client, renforçant ainsi l'engagement et la fidélité.

Starbucks a également investi dans l'intelligence artificielle pour améliorer la personnalisation des interactions avec les clients. Par exemple, l'entreprise a développé un assistant virtuel basé sur l'IA appelé "My Starbucks Barista", qui permet aux clients de passer des commandes vocales via l'application mobile.

Résultats et Impact

La transformation digitale de Starbucks a été un succès retentissant. L'application mobile de Starbucks compte des millions d'utilisateurs actifs et génère une part importante des ventes de l'entreprise. Le programme de fidélité "Starbucks Rewards" est devenu l'un des plus populaires de l'industrie, contribuant à une augmentation significative de la rétention et de la satisfaction des clients.

Starbucks a également réussi à intégrer de manière transparente les canaux numériques et physiques, offrant une expérience client omnicanal cohérente. Cette approche a renforcé la position de Starbucks en tant que leader de l'innovation dans le secteur de la restauration et a permis à l'entreprise de continuer à croître dans un marché saturé.

Leçons Tirées

L'expérience de Starbucks montre que la clé du succès dans la transformation digitale réside dans la compréhension profonde des besoins des clients et dans l'utilisation de la technologie pour améliorer leur expérience. En adoptant une approche centrée sur le client et en intégrant des technologies avancées telles que l'IA et le mobile, Starbucks a pu créer une expérience client cohérente et engageante qui transcende les canaux physiques et numériques.

7.2. Les Leçons des Échecs en Digitalisation

Si de nombreuses entreprises ont réussi leur transformation digitale, d'autres ont rencontré des obstacles majeurs qui ont conduit à des échecs coûteux. Ces échecs offrent des leçons précieuses sur les défis de la digitalisation et les erreurs à éviter. Dans cette section, nous examinerons plusieurs études de cas d'entreprises qui n'ont pas réussi leur transformation digitale, en analysant les causes de leurs échecs et les enseignements que l'on peut en tirer pour éviter de tels pièges.

Étude de Cas 1 : Kodak - L'Incapacité à Embrasser la Photographie Numérique

Contexte et Défi

Kodak, fondée en 1888, a été l'une des entreprises les plus emblématiques de l'industrie de la photographie. Pendant une grande partie du XXe siècle, Kodak dominait le marché mondial de la photographie avec ses appareils photo et ses films argentiques. Cependant, à la fin des années 1990, l'essor de la photographie numérique a profondément transformé l'industrie, et Kodak a été l'une des premières entreprises à développer cette technologie.

Le principal défi pour Kodak était de s'adapter à l'ère numérique tout en protégeant son activité traditionnelle de films argentiques, qui représentait une part importante de ses revenus.

Causes de l'Échec

Malgré son rôle pionnier dans la photographie numérique, Kodak a échoué à capitaliser sur cette innovation. La principale raison de cet échec a été la réticence de l'entreprise à cannibaliser ses propres ventes de films argentiques. Kodak craignait que la transition vers le numérique ne réduise ses marges bénéficiaires élevées, et l'entreprise a donc retardé l'introduction de produits numériques sur le marché.

Cette hésitation a permis à des concurrents comme Sony, Canon, et Nikon de prendre une longueur d'avance sur Kodak dans le développement et la commercialisation de produits numériques. Alors que le marché se tournait rapidement vers le numérique, Kodak s'est retrouvé en retard, avec une part de marché en déclin et une incapacité à rattraper son retard.

En 2012, Kodak a déposé le bilan, marquant la fin de son règne en tant que leader de l'industrie photographique. Bien que l'entreprise ait tenté de se repositionner en se concentrant sur l'impression numérique et les brevets technologiques, elle n'a jamais retrouvé sa position dominante sur le marché.

Leçons Tirées

L'échec de Kodak met en évidence l'importance de l'innovation proactive et de la volonté de se réinventer, même si cela signifie remettre en question des modèles d'affaires existants. La réticence à adopter une nouvelle technologie par crainte de cannibaliser les revenus existants peut être fatale, en particulier dans un environnement où les technologies évoluent rapidement.

Cette étude de cas montre également que la transformation digitale nécessite une vision à long terme et une capacité à anticiper les changements du marché. Les entreprises doivent être prêtes à adapter leur modèle d'affaires et à investir dans de nouvelles technologies pour rester compétitives, même si cela implique des sacrifices à court terme.

Étude de Cas 2 : Nokia - La Domination du Marché des Téléphones Mobiles à la Perte de Pertinence

Contexte et Défi

Nokia, autrefois le leader incontesté du marché des téléphones mobiles, a connu une ascension fulgurante dans les années 1990 et 2000. À son apogée, Nokia détenait plus de 40 % du marché mondial des téléphones mobiles. Cependant, l'introduction de l'iPhone par Apple en 2007 et la montée en puissance des smartphones Android ont rapidement changé la dynamique de l'industrie.

Le principal défi pour Nokia était de s'adapter à la révolution des smartphones et à l'évolution des attentes des consommateurs, qui exigeaient des appareils plus intelligents, dotés de fonctionnalités avancées et d'une interface utilisateur intuitive.

Causes de l'Échec

L'échec de Nokia à s'adapter à l'ère des smartphones peut être attribué à plusieurs facteurs clés :

1. **Refus d'Adopter Android** : Nokia a fait le choix stratégique de ne pas adopter le système d'exploitation Android, qui est rapidement devenu le standard de l'industrie pour les smartphones. Au lieu de cela, Nokia a tenté de promouvoir son propre système d'exploitation, Symbian, qui n'a pas réussi à rivaliser avec Android en termes de fonctionnalités et d'écosystème d'applications. Cette décision a limité l'attrait des téléphones Nokia auprès des consommateurs et des développeurs.

2. **Lenteur de Réaction** : Nokia a été lent à reconnaître l'importance des smartphones et à réagir aux nouvelles tendances du marché. Alors qu'Apple et les fabricants Android lançaient des smartphones innovants, Nokia persistait avec des téléphones mobiles traditionnels qui manquaient de fonctionnalités modernes. Cette lenteur à réagir a permis à la concurrence de prendre une avance décisive.

3. **Problèmes de Leadership et de Culture** : L'incapacité de Nokia à s'adapter aux nouvelles réalités du marché a également été exacerbée par des problèmes de leadership et une culture d'entreprise conservatrice. Le leadership de Nokia a été critiqué pour son manque de vision et sa réticence à prendre des risques. De plus, la culture de l'entreprise, autrefois axée sur l'innovation, est devenue rigide et bureaucratique, étouffant la créativité et l'agilité.

En 2013, Nokia a vendu sa division téléphonie mobile à Microsoft, marquant la fin de son règne en tant que géant de l'industrie des télécommunications. Bien que Nokia ait tenté de se repositionner en se concentrant sur les réseaux et les technologies de communication, l'entreprise n'a jamais retrouvé sa position dominante dans le marché des téléphones mobiles.

Leçons Tirées

L'échec de Nokia souligne l'importance de l'agilité et de la réactivité dans un environnement technologique en évolution rapide. Les entreprises doivent être prêtes à reconnaître les changements du marché et à adapter rapidement leurs stratégies pour rester pertinentes. Le choix de ne pas adopter une technologie émergente, comme Android, peut avoir des conséquences désastreuses pour une entreprise qui cherche à maintenir sa position de leader.

Cette étude de cas montre également que le leadership et la culture d'entreprise jouent un rôle crucial dans la réussite de la transformation digitale. Un leadership visionnaire et une culture d'innovation sont essentiels pour encourager la prise de risques et favoriser l'adaptation aux nouvelles tendances.

Étude de Cas 3 : BlackBerry - L'Ascension et la Chute d'un Précurseur du Smartphone

Contexte et Défi

BlackBerry, autrefois synonyme de téléphones professionnels, a dominé le marché des smartphones dans les années 2000 grâce à ses appareils dotés de claviers physiques et de fonctionnalités de sécurité avancées. Les téléphones BlackBerry étaient particulièrement populaires auprès des entreprises et des gouvernements en raison de leur messagerie sécurisée et de leur efficacité dans la gestion des e-mails.

Le défi pour BlackBerry est apparu avec l'introduction de l'iPhone par Apple en 2007 et la montée en puissance des smartphones Android. Ces nouveaux appareils ont redéfini les attentes des consommateurs en matière de smartphones, en offrant des écrans tactiles, une multitude d'applications, et une expérience utilisateur fluide.

Causes de l'Échec

L'échec de BlackBerry à maintenir sa position dominante sur le marché des smartphones peut être attribué à plusieurs erreurs stratégiques :

1. **Refus d'Abandonner le Clavier Physique** : BlackBerry a persisté dans son choix de claviers physiques, alors que le marché se tournait vers les écrans tactiles. L'entreprise croyait que son avantage compétitif résidait dans la convivialité de son clavier, mais elle n'a pas anticipé à quel point les écrans tactiles allaient devenir la norme pour les smartphones.

2. **Manque d'Écosystème d'Applications** : Contrairement à Apple et Google, BlackBerry n'a pas réussi à développer un écosystème d'applications attrayant. Les développeurs d'applications ont préféré se concentrer sur les plateformes iOS et Android, ce qui a laissé les utilisateurs de BlackBerry avec un choix limité d'applications. Ce manque d'écosystème a réduit l'attrait des téléphones BlackBerry pour les consommateurs.

3. **Lenteur de Réaction** : BlackBerry a sous-estimé l'impact de l'iPhone et des appareils Android sur le marché. L'entreprise a tardé à réagir aux nouvelles tendances et à lancer des produits qui répondaient aux attentes changeantes des consommateurs. Les tentatives ultérieures de BlackBerry pour rattraper son retard, telles que le lancement de la gamme BlackBerry 10, sont arrivées trop tard pour inverser la tendance.

En 2016, BlackBerry a cessé de fabriquer des téléphones et a pivoté vers les logiciels de sécurité et les services, marquant la fin de son époque en tant que fabricant de smartphones. Bien que l'entreprise soit toujours active dans le domaine des solutions de sécurité, elle n'a jamais retrouvé le succès qu'elle avait connu avec ses téléphones.

Leçons Tirées

L'échec de BlackBerry illustre l'importance de l'innovation continue et de la capacité à anticiper les changements du marché. Les entreprises doivent être prêtes à abandonner des avantages compétitifs perçus, comme le clavier physique dans le cas de BlackBerry, pour adopter de nouvelles technologies qui répondent mieux aux besoins des consommateurs.

Cette étude de cas souligne également l'importance d'un écosystème d'applications robuste pour réussir dans l'industrie technologique. Les entreprises qui ne parviennent pas à attirer les développeurs et à offrir une gamme diversifiée d'applications risquent de perdre leur attrait pour les consommateurs.

Étude de Cas 4 : Toys "R" Us - Le Déclin d'un Géant de la Distribution

Contexte et Défi

Toys "R" Us, fondée en 1948, était autrefois le plus grand détaillant de jouets au monde. L'entreprise était un lieu de prédilection pour les enfants et les parents à la recherche de jouets, de jeux, et d'articles pour enfants. Cependant, à la fin des années 2000, l'industrie du commerce de détail a subi des changements profonds, avec la montée en puissance du commerce en ligne et la concurrence accrue des grands détaillants comme Walmart et Amazon.

Le défi pour Toys "R" Us était de s'adapter à l'évolution des comportements d'achat des consommateurs, qui se tournaient de plus en plus vers le commerce en ligne pour leur shopping. L'entreprise devait repenser son modèle de distribution traditionnel pour rester compétitive dans un marché en mutation rapide.

Causes de l'Échec

L'échec de Toys "R" Us à s'adapter à l'ère du commerce en ligne a été marqué par plusieurs erreurs stratégiques :

1. **Sous-investissement dans le Commerce Électronique** : Toys "R" Us a été lent à reconnaître l'importance croissante du commerce en ligne et n'a pas investi suffisamment dans sa propre plateforme de commerce électronique. Au lieu de développer une stratégie en ligne robuste, l'entreprise a conclu un partenariat avec Amazon en 2000, déléguant ainsi sa présence en ligne au géant du commerce électronique. Ce partenariat a finalement nui à Toys "R" Us, car Amazon a acquis une domination croissante sur le marché des jouets en ligne.

2. **Endettement Élevé** : En 2005, Toys "R" Us a été rachetée par un groupe d'investisseurs en capital-investissement dans le cadre d'un rachat par endettement (LBO). Cette acquisition a laissé l'entreprise avec une dette massive, limitant sa capacité à investir dans l'innovation et la modernisation de ses magasins et de son infrastructure numérique. Le service de la dette est devenu un fardeau insurmontable pour l'entreprise.

3. **Manque de Différenciation** : Toys "R" Us a également échoué à se différencier de ses concurrents, tels que Walmart et Amazon, qui offraient des prix plus bas et une commodité accrue grâce à leurs plateformes en ligne. L'entreprise n'a pas réussi à créer une expérience client unique qui aurait pu attirer les consommateurs dans ses magasins physiques ou sur sa plateforme en ligne.

En 2017, Toys "R" Us a déposé le bilan et a fermé tous ses magasins aux États-Unis l'année suivante, marquant la fin de l'une des marques les plus emblématiques du commerce de détail.

Leçons Tirées

L'échec de Toys "R" Us met en évidence l'importance cruciale de l'innovation numérique dans le commerce de détail moderne. Les entreprises qui négligent de développer une stratégie de commerce électronique robuste risquent d'être laissées pour compte dans un marché où les consommateurs privilégient de plus en plus la commodité des achats en ligne.

Cette étude de cas souligne également l'impact des décisions financières sur la capacité d'une entreprise à innover. Le fardeau de la dette résultant du rachat par endettement a empêché Toys "R" Us d'investir dans sa transformation digitale, contribuant ainsi à son déclin.

Étude de Cas 5 : Blockbuster - Comment une Entreprise Dominante a Manqué le Virage du Streaming

Contexte et Défi

Blockbuster, fondée en 1985, était autrefois le leader mondial de la location de vidéos, avec des milliers de magasins dans le monde entier. L'entreprise dominait le marché de la location de films grâce à son vaste catalogue et à son réseau de magasins physiques. Cependant, au début des années 2000, l'émergence de la technologie de streaming vidéo a radicalement changé la manière dont les consommateurs accédaient aux films et aux émissions de télévision.

Le défi pour Blockbuster était de s'adapter à cette nouvelle réalité numérique et de répondre à la concurrence croissante de Netflix, une start-up alors méconnue qui offrait un service de location de DVD par courrier et, plus tard, un service de streaming en ligne.

Causes de l'Échec

L'échec de Blockbuster à s'adapter à l'ère du streaming peut être attribué à plusieurs erreurs stratégiques majeures :

1. **Sous-estimation de la Concurrence** : Blockbuster a sous-estimé la menace posée par Netflix et n'a pas pris au sérieux l'émergence du streaming comme une alternative viable à la location de vidéos. L'entreprise a continué à se concentrer sur son modèle de location physique, ignorant les signaux

du marché qui indiquaient un changement des préférences des consommateurs.

2.   **Absence de Vision Digitale** : Blockbuster n'a pas réussi à développer une stratégie numérique convaincante. Bien que l'entreprise ait finalement lancé son propre service de location en ligne, il est arrivé trop tard pour rivaliser avec Netflix, qui avait déjà capturé une part importante du marché. Le manque d'innovation et de vision digitale a laissé Blockbuster vulnérable aux bouleversements technologiques.

3.   **Modèle d'Affaires Obsolète** : Le modèle d'affaires de Blockbuster, basé sur les frais de retard et la location physique, est devenu rapidement obsolète face à la commodité du streaming en ligne. Les consommateurs préféraient la flexibilité de regarder des films à la demande, sans avoir à se rendre dans un magasin physique ni à payer des frais de retard.

En 2010, Blockbuster a déposé le bilan, marquant la fin d'une ère pour l'industrie de la location de vidéos. La majorité des magasins Blockbuster ont été fermés, et l'entreprise a disparu du paysage médiatique, laissant Netflix et d'autres plateformes de streaming dominer le marché.

Leçons Tirées

L'échec de Blockbuster souligne l'importance de l'innovation et de l'adaptation rapide dans un environnement technologique en constante évolution. Les entreprises qui refusent de reconnaître les nouvelles tendances du marché et de s'adapter à temps risquent de perdre leur position dominante.

Cette étude de cas montre également que les modèles d'affaires traditionnels peuvent être rapidement rendus obsolètes par de nouvelles technologies. Les entreprises doivent être prêtes à remettre en question leur modèle d'affaires existant et à explorer de nouvelles avenues pour répondre aux attentes changeantes des consommateurs.

Les échecs en matière de transformation digitale, tels que ceux de Kodak, Nokia, BlackBerry, Toys "R" Us, et Blockbuster, offrent des leçons précieuses pour les entreprises qui cherchent à réussir dans un environnement numérique en constante évolution. Ces études de cas montrent que l'innovation, l'agilité, la vision stratégique, et la capacité à anticiper les changements du marché sont essentielles pour rester compétitif.

Les entreprises qui échouent à adopter de nouvelles technologies, à ajuster leur modèle d'affaires, ou à reconnaître les signaux du marché risquent de perdre leur pertinence, voire de disparaître complètement. Pour éviter ces pièges, il est crucial pour les entreprises de maintenir une culture d'innovation, de rester à l'écoute des besoins des clients, et de s'engager activement dans leur transformation digitale.

Chapitre 8 : Les Défis de la Digitalisation

8.1. Les Obstacles à la Transformation Digitale

La transformation digitale est une entreprise complexe qui implique bien plus que l'adoption de nouvelles technologies. Elle requiert des changements organisationnels profonds, une révision des processus existants, et un engagement fort de la part de l'ensemble de l'entreprise. Cependant, cette transformation est souvent entravée par divers obstacles, allant de la résistance au changement à des problèmes d'intégration technologique. Dans cette section, nous examinerons les principaux défis auxquels les entreprises sont confrontées lorsqu'elles entreprennent une transformation digitale et comment ils peuvent être surmontés.

Résistance au Changement

L'un des plus grands obstacles à la transformation digitale est la résistance au changement, qui peut se manifester à tous les niveaux de l'entreprise. La résistance au changement est souvent liée à la peur de l'inconnu, à l'incertitude quant à l'impact des nouvelles technologies sur les emplois, et à une préférence pour le statu quo.

1. Peur de l'Inconnu et Manque de Confiance

La peur de l'inconnu est une réaction naturelle lorsqu'il s'agit de changements majeurs au sein d'une organisation. Les employés peuvent craindre de perdre leur emploi ou de ne pas être en mesure de s'adapter aux nouvelles technologies. Ce manque de confiance dans leurs propres capacités peut les amener à résister aux initiatives de transformation digitale.

Pour surmonter cette résistance, il est essentiel de mettre en place des programmes de formation et de développement des compétences qui permettent aux employés d'acquérir les connaissances et les compétences nécessaires pour travailler avec les nouvelles technologies. En renforçant la confiance des employés dans leur capacité à s'adapter, les entreprises peuvent réduire la résistance au changement et encourager une adoption plus large des initiatives digitales.

2. Culture d'Entreprise Conservatrice

Une culture d'entreprise conservatrice peut également constituer un obstacle majeur à la transformation digitale. Les entreprises qui valorisent le statu quo et qui sont réticentes à prendre des risques peuvent avoir du mal à adopter les changements nécessaires pour réussir dans un environnement numérique en évolution rapide.

Pour surmonter cet obstacle, il est important de créer une culture d'innovation au sein de l'entreprise. Cela peut être accompli en encourageant l'expérimentation, en récompensant les prises de risques calculées, et en instaurant une mentalité de croissance où les échecs sont vus comme des opportunités d'apprentissage plutôt que comme des obstacles. Les leaders d'entreprise doivent jouer un rôle clé en modélisant cette mentalité d'innovation et en soutenant les initiatives qui favorisent le changement.

3. Silos Organisationnels

Les silos organisationnels, où différentes unités ou départements fonctionnent de manière isolée les uns des autres, peuvent entraver la transformation digitale en empêchant la collaboration et l'échange d'informations. Ces silos peuvent conduire à une duplication des efforts, à une inefficacité opérationnelle, et à une incapacité à mettre en œuvre des stratégies digitales cohérentes.

Pour briser ces silos, les entreprises doivent encourager la collaboration interfonctionnelle et adopter une approche de gestion basée sur des objectifs communs. Cela peut inclure la mise en place de comités ou d'équipes interfonctionnelles chargées de superviser les initiatives de transformation digitale, ainsi que l'utilisation de technologies collaboratives qui facilitent le partage d'informations et la communication entre les départements.

4. Leadership Défaillant

Un leadership défaillant peut être l'un des plus grands obstacles à la transformation digitale. Si les dirigeants ne comprennent pas l'importance de la transformation digitale ou ne sont pas prêts à investir dans les ressources nécessaires, les initiatives digitales risquent d'échouer avant même d'avoir commencé.

Un leadership fort et visionnaire est essentiel pour réussir la transformation digitale. Les dirigeants doivent être capables de communiquer une vision claire de l'avenir numérique de l'entreprise et de mobiliser les ressources nécessaires pour y parvenir. Ils doivent également être prêts à prendre des décisions difficiles, telles que la réorganisation de l'entreprise ou la redéfinition des rôles et des responsabilités, pour aligner l'organisation sur les objectifs de transformation digitale.

Problèmes d'Intégration Technologique

Outre la résistance au changement, les problèmes d'intégration technologique représentent un autre obstacle majeur à la transformation digitale. L'intégration de nouvelles technologies dans des systèmes existants peut être complexe, coûteuse, et sujette à des erreurs.

1. Systèmes Hérités (Legacy Systems)

Les systèmes hérités, ou legacy systems, sont des systèmes informatiques anciens qui continuent de fonctionner au sein de l'entreprise, souvent parce qu'ils sont essentiels aux opérations quotidiennes. Cependant, ces systèmes peuvent être incompatibles avec les nouvelles technologies digitales, ce qui rend leur intégration difficile et coûteuse.

Pour surmonter ce défi, les entreprises doivent évaluer l'état de leurs systèmes hérités et déterminer s'ils peuvent être modernisés ou remplacés par des solutions plus flexibles et évolutives. Dans certains cas, il peut être nécessaire de développer des solutions intermédiaires qui permettent de connecter les anciens systèmes aux nouvelles technologies, tout en planifiant une transition à long terme vers des plateformes plus modernes.

2. Complexité de l'Intégration des Données

L'intégration des données est un autre défi majeur dans la transformation digitale. Les entreprises collectent des données à partir de diverses sources, et ces données peuvent être stockées dans différents formats et systèmes. L'intégration de ces données pour créer une vue d'ensemble cohérente et exploitable peut être une tâche complexe et ardue.

Pour relever ce défi, les entreprises doivent investir dans des technologies de gestion des données qui permettent de collecter, de nettoyer, et d'intégrer les données provenant de différentes sources. Cela peut inclure l'utilisation de solutions de data warehousing, de plateformes d'intégration de données, et d'outils d'analyse avancés qui facilitent la consolidation et l'exploitation des données pour prendre des décisions basées sur des informations fiables.

3. Cybersécurité et Risques de Sécurité

La cybersécurité est une préoccupation majeure lors de l'intégration de nouvelles technologies digitales. À mesure que les entreprises adoptent des technologies telles que le cloud computing, l'Internet des Objets (IoT), et l'intelligence artificielle, elles deviennent plus vulnérables aux cyberattaques et aux violations de données.

Pour atténuer ces risques, les entreprises doivent mettre en place des stratégies de cybersécurité robustes qui incluent la protection des données, la gestion des accès, et la surveillance continue des menaces. Cela peut également inclure la formation des employés sur les meilleures pratiques en matière de cybersécurité et la mise en place de protocoles de réponse aux incidents pour minimiser l'impact des violations de sécurité.

4. Problèmes de Compatibilité

Les problèmes de compatibilité peuvent survenir lorsqu'une entreprise adopte de nouvelles technologies qui ne fonctionnent pas bien avec les systèmes existants ou les applications utilisées par l'entreprise. Cela peut entraîner des interruptions de service, des pertes de données, et une baisse de la productivité.

Pour éviter ces problèmes, les entreprises doivent effectuer des tests approfondis avant de déployer de nouvelles technologies à grande échelle. Cela peut inclure des tests de compatibilité, des simulations de charge, et des évaluations de performance pour s'assurer que les nouvelles technologies fonctionneront efficacement dans l'environnement technologique existant.

5. Coût de l'Intégration

L'intégration de nouvelles technologics pcut être coûteuse, en particulier si des mises à niveau importantes des infrastructures existantes sont nécessaires. Les coûts liés à l'achat de nouvelles technologies, à la formation des employés, et à la gestion du changement peuvent rapidement s'accumuler, ce qui peut décourager certaines entreprises d'entreprendre une transformation digitale.

Pour gérer ces coûts, les entreprises doivent élaborer un budget clair et réaliste pour leur transformation digitale, en tenant compte des coûts initiaux et des dépenses continues. Il est également important d'évaluer le retour sur investissement potentiel de chaque initiative digitale et de prioriser les projets qui offrent le plus grand bénéfice pour l'entreprise.

La transformation digitale est un processus complexe et souvent semé d'embûches. La résistance au changement et les problèmes d'intégration technologique sont parmi les principaux obstacles auxquels les entreprises sont confrontées lorsqu'elles cherchent à adopter de nouvelles technologies et à moderniser leurs opérations.

Pour surmonter ces obstacles, il est essentiel d'adopter une approche stratégique qui inclut la gestion du changement, l'innovation culturelle, l'intégration technologique planifiée, et un leadership visionnaire. En abordant ces défis de manière proactive, les entreprises peuvent non seulement réussir leur transformation digitale, mais aussi se positionner pour une croissance durable et une compétitivité accrue dans un monde de plus en plus digitalisé.

8.2. Aspects Légaux et Réglementaires

La transformation digitale, bien qu'essentielle pour les entreprises modernes, n'est pas sans défis légaux et réglementaires. À mesure que les entreprises adoptent des technologies numériques et s'engagent dans des activités en ligne, elles doivent se conformer à un ensemble complexe de lois et de règlements qui varient selon les juridictions et les secteurs. Cette section explore les principaux aspects légaux et réglementaires auxquels les entreprises doivent faire face lors de leur transformation digitale, ainsi que les meilleures pratiques pour garantir la conformité et éviter les sanctions.

Conformité Réglementaire dans la Digitalisation

La conformité réglementaire est un enjeu majeur pour les entreprises qui se lancent dans la transformation digitale. Les réglementations couvrent un large éventail de domaines, notamment la protection des données, la cybersécurité, le commerce électronique, et la propriété intellectuelle. La non-conformité à ces réglementations peut entraîner des sanctions sévères, des amendes, et des dommages à la réputation.

1. Protection des Données et Vie Privée

L'un des aspects les plus critiques de la conformité réglementaire dans la transformation digitale est la protection des données et la vie privée. Les entreprises collectent, stockent, et traitent des volumes croissants de données personnelles, ce qui les expose à des obligations strictes en matière de protection des données.

Règlement Général sur la Protection des Données (RGPD)

Le Règlement Général sur la Protection des Données (RGPD), qui est entré en vigueur en mai 2018 dans l'Union européenne, est l'une des lois sur la protection des données les plus rigoureuses au monde. Il impose des obligations strictes aux entreprises qui collectent ou traitent des données personnelles sur des résidents de l'UE, même si l'entreprise est basée en dehors de l'UE.

Le RGPD exige que les entreprises obtiennent un consentement explicite des utilisateurs avant de collecter leurs données, qu'elles fournissent des informations claires sur la manière dont les données seront utilisées, et qu'elles permettent aux utilisateurs d'exercer leurs droits, tels que le droit d'accès, le droit à l'effacement, et le droit à la portabilité des données.

Les entreprises doivent également mettre en place des mesures de sécurité robustes pour protéger les données personnelles contre les violations et signaler toute violation de données aux autorités de protection des données dans un délai de 72 heures.

California Consumer Privacy Act (CCPA)

Aux États-Unis, le California Consumer Privacy Act (CCPA), entré en vigueur en janvier 2020, accorde des droits similaires aux résidents de Californie. Le CCPA permet aux consommateurs de savoir quelles informations personnelles sont collectées à leur sujet, de demander la suppression de ces informations, et de refuser la vente de leurs données.

Le CCPA impose également des obligations aux entreprises en matière de transparence, d'accès, et de sécurité des données, et prévoit des amendes pour non-conformité.

Best Practices pour la Conformité en Matière de Protection des Données

Pour garantir la conformité avec les réglementations en matière de protection des données, les entreprises doivent adopter plusieurs bonnes pratiques :

- **Audit des Données** : Les entreprises doivent effectuer des audits réguliers de leurs pratiques de collecte, de traitement, et de stockage des données pour s'assurer qu'elles respectent les lois en vigueur. Cela inclut la cartographie des flux de données, l'identification des points de collecte des données personnelles, et l'évaluation des mesures de sécurité en place.

- **Transparence** : Les entreprises doivent être transparentes quant à la manière dont elles collectent, utilisent, et partagent les données personnelles. Cela inclut la mise à jour des politiques de confidentialité, la fourniture d'informations claires aux utilisateurs, et la mise en place de mécanismes pour que les utilisateurs puissent exercer leurs droits.

- **Sécurité des Données** : Les entreprises doivent mettre en place des mesures de sécurité robustes pour protéger les données personnelles contre les violations. Cela peut inclure le cryptage des données, l'utilisation de pare-feu et de systèmes de détection des intrusions, et la formation des employés sur les bonnes pratiques en matière de sécurité des données.

- **Réponse aux Violations de Données** : Les entreprises doivent disposer de plans de réponse aux incidents en cas de violation de données. Cela inclut la notification rapide des autorités et des individus concernés, ainsi que la prise de mesures correctives pour prévenir de futures violations.

2. Cybersécurité et Réglementation

La cybersécurité est un autre domaine critique de la conformité réglementaire. À mesure que les entreprises adoptent des technologies numériques et se connectent à Internet, elles deviennent plus vulnérables aux cyberattaques, ce qui peut entraîner des pertes financières, des interruptions de service, et des atteintes à la réputation.

Directives et Réglementations en Matière de Cybersécurité

Les gouvernements du monde entier ont mis en place des réglementations et des directives pour renforcer la cybersécurité et protéger les infrastructures critiques contre les cybermenaces.

NIS Directive (UE)

La directive NIS (Network and Information Systems) de l'Union européenne, entrée en vigueur en mai 2018, est l'une des premières législations de l'UE en matière de cybersécurité. Elle impose des obligations aux opérateurs de services essentiels, tels que les fournisseurs d'énergie, de transport, et de santé, ainsi qu'aux fournisseurs de services numériques, tels que les plateformes en ligne et les moteurs de recherche.

Les entreprises concernées par la directive NIS doivent mettre en œuvre des mesures techniques et organisationnelles appropriées pour gérer les risques liés à la sécurité des réseaux et des systèmes d'information. Elles doivent également signaler tout incident de sécurité significatif aux autorités nationales compétentes.

Cybersecurity Maturity Model Certification (CMMC) (États-Unis)

Aux États-Unis, le Cybersecurity Maturity Model Certification (CMMC) est une norme de cybersécurité introduite par le Département de la Défense (DoD) pour protéger la chaîne d'approvisionnement du secteur de la défense contre les cybermenaces. Le CMMC établit différents niveaux de certification en cybersécurité, allant de la protection de base à des exigences plus avancées, en fonction de la sensibilité des informations traitées par les entreprises.

Les entreprises qui souhaitent travailler avec le DoD doivent obtenir la certification CMMC appropriée, démontrant qu'elles respectent les exigences en matière de cybersécurité.

Best Practices pour la Conformité en Matière de Cybersécurité

Pour se conformer aux réglementations en matière de cybersécurité, les entreprises doivent adopter une approche proactive et continue :

- **Évaluation des Risques** : Les entreprises doivent effectuer des évaluations régulières des risques pour identifier les vulnérabilités de leurs systèmes d'information et mettre en œuvre des mesures de sécurité appropriées. Cela inclut l'analyse des menaces potentielles, la gestion des accès, et la protection des infrastructures critiques.

- **Formation en Cybersécurité** : Les employés sont souvent la première ligne de défense contre les cyberattaques. Les entreprises doivent fournir une formation régulière en cybersécurité à leurs employés pour les sensibiliser aux menaces courantes, telles que le phishing, et les former aux bonnes pratiques pour protéger les informations sensibles.

- **Surveillance et Réponse aux Incidents** : Les entreprises doivent mettre en place des systèmes de surveillance continue pour détecter les activités suspectes et réagir rapidement en cas d'incident de cybersécurité. Cela inclut la mise en place de centres de surveillance des opérations de sécurité (SOC) et l'élaboration de plans de réponse aux incidents.

- **Collaboration avec les Autorités** : En cas d'incident de cybersécurité, les entreprises doivent collaborer avec les autorités compétentes et signaler rapidement tout incident de sécurité majeur. Cela permet de limiter l'impact des attaques et de renforcer la résilience globale de l'écosystème numérique.

3. Commerce Électronique et Réglementation

Le commerce électronique est un secteur en pleine expansion, mais il est également soumis à un cadre réglementaire complexe qui varie d'un pays à l'autre. Les entreprises qui opèrent dans le commerce en ligne doivent se conformer à des réglementations couvrant divers aspects, tels que la protection des consommateurs, la fiscalité, et la protection des données.

Protection des Consommateurs en Ligne

Les réglementations sur la protection des consommateurs en ligne visent à garantir que les entreprises traitent leurs clients de manière équitable et transparente. Cela inclut des obligations en matière de divulgation d'informations, de protection des données, de remboursement, et de gestion des litiges.

Directive sur les Droits des Consommateurs (UE)

La Directive sur les droits des consommateurs de l'Union européenne impose des exigences aux entreprises qui vendent des biens et des services en ligne aux consommateurs de l'UE. Elle oblige les entreprises à fournir des informations claires et précises sur les produits, les prix, et les conditions de vente avant que les consommateurs ne passent commande. La directive accorde également aux consommateurs un droit de rétractation de 14 jours pour les achats en ligne, leur permettant de retourner les produits sans pénalité.

Loi de Protection des Consommateurs (États-Unis)

Aux États-Unis, la Federal Trade Commission (FTC) joue un rôle clé dans la protection des consommateurs en ligne. La FTC impose des exigences en matière de divulgation d'informations, de publicité trompeuse, et de gestion des litiges pour les entreprises de commerce électronique. Les entreprises doivent s'assurer que leurs pratiques de vente en ligne sont conformes aux lois sur la protection des consommateurs et éviter toute pratique trompeuse ou déloyale.

Fiscalité du Commerce Électronique

Les entreprises de commerce électronique sont également soumises à des obligations fiscales, qui varient selon les juridictions. Cela peut inclure la collecte et le versement de la taxe sur la valeur ajoutée (TVA) ou de la taxe de vente pour les transactions en ligne.

Best Practices pour la Conformité en Matière de Commerce Électronique

Pour se conformer aux réglementations en matière de commerce électronique, les entreprises doivent adopter les pratiques suivantes :

- **Transparence des Informations** : Les entreprises doivent fournir des informations claires et précises sur leurs produits, leurs prix, et leurs conditions de vente. Cela inclut la publication de politiques de retour et de remboursement transparentes, ainsi que des conditions générales de vente.

- **Sécurité des Transactions** : Les entreprises doivent garantir la sécurité des transactions en ligne en utilisant des protocoles de cryptage, en protégeant les informations de paiement des clients, et en se conformant aux normes PCI DSS (Payment Card Industry Data Security Standard).

- **Gestion des Litiges** : Les entreprises doivent mettre en place des mécanismes efficaces pour gérer les litiges avec les consommateurs, tels que des procédures de résolution des plaintes et des services de médiation.

- **Conformité Fiscale** : Les entreprises doivent se conformer aux obligations fiscales applicables en collectant et en versant les taxes requises pour les transactions en ligne. Cela inclut l'enregistrement auprès des autorités fiscales compétentes et la déclaration correcte des revenus.

4. Propriété Intellectuelle et Numérisation

La transformation digitale soulève également des questions complexes en matière de propriété intellectuelle. Les entreprises qui créent, distribuent, ou utilisent des contenus numériques doivent s'assurer qu'elles respectent les droits de propriété intellectuelle des tiers et protègent leurs propres actifs intellectuels.

Protection des Droits d'Auteur en Ligne

Les droits d'auteur protègent les œuvres créatives, telles que les textes, les images, les vidéos, et la musique, contre l'utilisation non autorisée. Dans l'environnement numérique, les violations des droits d'auteur sont devenues plus courantes en raison de la facilité de copie et de distribution des contenus en ligne.

Digital Millennium Copyright Act (DMCA) (États-Unis)

Le Digital Millennium Copyright Act (DMCA) est une législation américaine qui protège les droits d'auteur dans l'environnement numérique. Le DMCA impose des obligations aux fournisseurs de services en ligne, tels que les plateformes de streaming et les hébergeurs de contenu, pour retirer les contenus qui violent les droits d'auteur lorsqu'ils sont signalés. Les entreprises doivent également mettre en place des politiques pour prévenir la violation des droits d'auteur par leurs utilisateurs.

Directive sur le Droit d'Auteur dans le Marché Unique Numérique (UE)

En Europe, la Directive sur le droit d'auteur dans le marché unique numérique, adoptée en 2019, vise à moderniser les règles de droit d'auteur pour l'ère numérique. La directive impose des obligations aux plateformes en ligne pour obtenir des licences pour les contenus protégés par des droits d'auteur et pour partager les revenus avec les créateurs. Les entreprises doivent se conformer à ces exigences pour éviter les litiges en matière de droits d'auteur.

Best Practices pour la Conformité en Matière de Propriété Intellectuelle

Pour protéger leurs actifs intellectuels et respecter les droits des tiers, les entreprises doivent suivre ces bonnes pratiques :

- **Éducation et Sensibilisation** : Les entreprises doivent former leurs employés et partenaires commerciaux aux lois sur la propriété intellectuelle et aux risques liés à la violation des droits d'auteur. Cela inclut la mise en place de politiques internes pour prévenir l'utilisation non autorisée de contenus protégés.

- **Enregistrement des Droits de Propriété Intellectuelle** : Les entreprises doivent s'assurer que leurs marques, brevets, et droits d'auteur sont enregistrés auprès des autorités compétentes pour bénéficier d'une protection légale. Cela inclut la surveillance des violations potentielles et la prise de mesures légales pour protéger leurs droits.

- **Négociation de Licences** : Les entreprises qui utilisent des contenus protégés par des droits d'auteur doivent négocier des licences appropriées avec les titulaires des droits pour éviter les litiges. Cela inclut la négociation de redevances et d'accords de distribution équitables.

- **Gestion des Violations** : Les entreprises doivent mettre en place des procédures pour gérer les violations de leurs droits de propriété intellectuelle, y compris l'envoi de notifications DMCA pour retirer les contenus violant les droits d'auteur et la poursuite des contrevenants en justice si nécessaire.

Les aspects légaux et réglementaires de la transformation digitale sont complexes et variés, mais ils sont essentiels pour garantir que les entreprises opèrent de manière conforme et éthique dans l'environnement numérique. En se conformant aux réglementations en matière de protection des données, de cybersécurité, de commerce électronique, et de propriété intellectuelle, les entreprises peuvent éviter les sanctions, protéger leur réputation, et renforcer la confiance de leurs clients et partenaires commerciaux.

Pour réussir leur transformation digitale, les entreprises doivent adopter une approche proactive en matière de conformité, en restant informées des évolutions législatives, en mettant en place des politiques internes solides, et en formant leurs employés sur les meilleures pratiques pour respecter les lois en vigueur. En agissant ainsi, les entreprises peuvent naviguer dans le paysage réglementaire complexe de l'ère numérique tout en tirant parti des opportunités offertes par la digitalisation.

8.3. Éthique et Responsabilité Digitale

La transformation digitale, bien qu'elle offre des opportunités considérables pour l'innovation et la croissance, soulève également des questions importantes sur l'éthique et la responsabilité des entreprises. À mesure que les technologies numériques deviennent de plus en plus intégrées dans les activités quotidiennes, les entreprises doivent non seulement se conformer aux réglementations légales, mais aussi adopter des pratiques éthiques qui respectent les droits des individus et contribuent à un développement durable et équitable. Cette section explore les principaux défis éthiques de la transformation digitale et les responsabilités qui incombent aux entreprises à l'ère numérique.

Défis Éthiques dans la Transformation Digitale

Les défis éthiques de la transformation digitale sont nombreux et couvrent un large éventail de questions, de la protection de la vie privée à l'équité des algorithmes, en passant par la responsabilité sociale des entreprises.

1. Protection de la Vie Privée

L'un des défis éthiques les plus pressants de la transformation digitale est la protection de la vie privée des individus. Avec la collecte massive de données personnelles par les entreprises, les gouvernements, et les plateformes en ligne, la question de savoir comment ces données sont utilisées, partagées, et protégées est devenue centrale.

Respect du Consentement des Utilisateurs

Le respect du consentement des utilisateurs est un principe fondamental de la protection de la vie privée. Les entreprises doivent obtenir un consentement explicite et éclairé des individus avant de collecter et de traiter leurs données personnelles. Ce consentement doit être libre, spécifique, informé et réversible, permettant aux utilisateurs de retirer leur consentement à tout moment.

Cependant, le respect du consentement des utilisateurs va au-delà de la simple obtention d'une case cochée sur un formulaire. Les entreprises doivent s'assurer que les utilisateurs comprennent pleinement ce à quoi ils consentent, y compris la manière dont leurs données seront utilisées, qui y aura accès, et pour combien de temps elles seront conservées.

Minimisation des Données

Un autre principe éthique clé est celui de la minimisation des données, qui stipule que les entreprises ne devraient collecter que les données nécessaires pour atteindre un objectif spécifique. Cela réduit le risque d'abus et de violations de la vie privée. Les entreprises doivent évaluer régulièrement les données qu'elles collectent et s'assurer qu'elles ne conservent pas de données inutiles ou obsolètes.

Transparence et Contrôle des Données

La transparence est essentielle pour instaurer la confiance avec les utilisateurs. Les entreprises doivent être transparentes sur leurs pratiques de collecte et de traitement des données, en fournissant des informations claires et accessibles sur les politiques de confidentialité et les droits des utilisateurs.

De plus, les utilisateurs doivent avoir un contrôle sur leurs données personnelles. Cela inclut la possibilité d'accéder à leurs données, de les corriger, de les supprimer, et de les transférer à un autre fournisseur de services. Les entreprises doivent mettre en place des mécanismes qui permettent aux utilisateurs d'exercer ces droits facilement.

2. Équité et Biais des Algorithmes

Avec l'essor de l'intelligence artificielle (IA) et du machine learning, les entreprises utilisent de plus en plus d'algorithmes pour prendre des décisions automatisées dans des domaines tels que le recrutement, le crédit, et la publicité. Cependant, ces algorithmes peuvent être sujets à des biais qui reproduisent ou amplifient les inégalités existantes.

Identification et Correction des Biais

Les biais dans les algorithmes peuvent découler de plusieurs sources, notamment des données biaisées, des choix de conception, et des hypothèses implicites. Par exemple, un algorithme de recrutement peut favoriser inconsciemment certains groupes démographiques en se basant sur des données historiques qui reflètent des pratiques de recrutement discriminatoires.

Les entreprises doivent prendre des mesures pour identifier et corriger ces biais. Cela peut inclure l'audit régulier des algorithmes, l'utilisation de techniques de machine learning équitables, et la formation des équipes de développement sur les questions d'éthique et d'inclusion.

Transparence des Algorithmes

La transparence est également cruciale pour garantir l'équité des algorithmes. Les entreprises doivent être transparentes sur le fonctionnement de leurs algorithmes et sur les critères utilisés pour prendre des décisions automatisées. Cela permet aux individus de comprendre comment et pourquoi une décision a été prise, et de contester cette décision si elle est perçue comme injuste.

Responsabilité des Algorithmes

La responsabilité des algorithmes implique que les entreprises doivent être responsables des décisions prises par leurs systèmes automatisés. Cela inclut la mise en place de mécanismes pour corriger les erreurs, indemniser les victimes de décisions injustes, et améliorer continuellement les systèmes pour prévenir les biais futurs.

3. Responsabilité Sociale des Entreprises (RSE) à l'Ère Digitale

La responsabilité sociale des entreprises (RSE) est un concept qui prend une nouvelle dimension à l'ère digitale. Les entreprises doivent non seulement se conformer aux réglementations légales, mais aussi agir de manière éthique et responsable envers la société et l'environnement.

Impact Environnemental du Numérique

L'impact environnemental de la transformation digitale est un sujet de préoccupation croissant. Les technologies numériques, telles que les centres de données, les réseaux de communication, et les appareils connectés, consomment d'énormes quantités d'énergie et de ressources naturelles. De plus, la production et l'élimination des équipements électroniques contribuent à la pollution et au gaspillage.

Les entreprises doivent adopter des pratiques durables pour minimiser leur impact environnemental. Cela peut inclure l'utilisation d'énergies renouvelables pour alimenter les centres de données, l'optimisation des processus pour réduire la consommation d'énergie, et la mise en place de programmes de recyclage pour les équipements électroniques.

Inclusion Numérique

L'inclusion numérique est un autre aspect important de la RSE à l'ère digitale. La transformation digitale ne doit pas exacerber les inégalités existantes, mais plutôt contribuer à une société plus équitable. Les entreprises doivent s'efforcer de rendre leurs produits et services accessibles à tous, y compris aux personnes handicapées, aux populations vulnérables, et aux communautés marginalisées.

Cela inclut la conception de technologies inclusives, l'amélioration de l'accessibilité des sites web et des applications, et la mise en œuvre de programmes de formation pour aider les personnes à développer les compétences numériques nécessaires pour participer pleinement à la société numérique.

Ethique de l'Intelligence Artificielle et de l'Automatisation

L'intelligence artificielle et l'automatisation soulèvent également des questions éthiques importantes en ce qui concerne l'emploi et les droits des travailleurs. Alors que de plus en plus de tâches sont automatisées, il est crucial de veiller à ce que les travailleurs ne soient pas laissés pour compte.

Impact sur l'Emploi

L'automatisation peut entraîner la suppression de certains emplois, en particulier dans les secteurs à forte intensité de main-d'œuvre, comme la fabrication, la logistique, et les services. Les entreprises ont la responsabilité de gérer ces transitions de manière équitable, en offrant des opportunités de requalification et de reconversion aux employés affectés.

Cela peut inclure des programmes de formation continue, des partenariats avec des institutions éducatives, et la création de nouvelles opportunités d'emploi dans des secteurs émergents. Les entreprises doivent également dialoguer avec les syndicats et les représentants des travailleurs pour s'assurer que les transitions sont gérées de manière transparente et équitable.

Droits des Travailleurs dans un Monde Digital

Les droits des travailleurs doivent être protégés dans un monde de plus en plus digitalisé. Cela inclut la garantie de conditions de travail décentes, la protection de la vie privée des employés, et le respect des droits syndicaux. Les entreprises doivent veiller à ce que les technologies numériques ne soient pas utilisées pour surveiller excessivement les employés ou pour éroder leurs droits.

Les entreprises doivent également adopter des politiques claires sur l'utilisation des technologies d'automatisation, en veillant à ce que les décisions prises par des algorithmes, telles que l'évaluation des performances ou la gestion des horaires, soient équitables et transparentes.

Responsabilité en Cas de Dommages Causés par l'IA

Un autre défi éthique est la responsabilité en cas de dommages causés par des systèmes d'IA. Par exemple, si un véhicule autonome provoque un accident, ou si un algorithme de diagnostic médical fait une erreur, qui est responsable ?

Les entreprises doivent anticiper ces scénarios et mettre en place des cadres de responsabilité clairs. Cela peut inclure l'assurance pour les systèmes autonomes, la supervision humaine des décisions critiques, et la transparence dans la conception et le déploiement des systèmes d'IA.

4. Transparence et Communication

La transparence est une valeur fondamentale dans la gestion éthique de la transformation digitale. Les entreprises doivent être ouvertes et honnêtes sur leurs pratiques, leurs produits, et leurs impacts, tant envers les consommateurs que les parties prenantes.

Communication Responsable

La communication responsable est essentielle pour instaurer la confiance dans les produits et services numériques. Cela inclut la fourniture d'informations claires sur les fonctionnalités des produits, les politiques de confidentialité, et les conditions d'utilisation. Les entreprises doivent éviter les pratiques trompeuses ou opaques qui pourraient induire les consommateurs en erreur.

Les entreprises doivent également être transparentes sur leurs impacts sociaux et environnementaux. Cela peut inclure la publication de rapports de durabilité, la divulgation des chaînes d'approvisionnement, et la communication des efforts déployés pour améliorer les performances éthiques.

Engagement des Parties Prenantes

L'engagement des parties prenantes est une autre dimension importante de la transparence. Les entreprises doivent dialoguer avec leurs parties prenantes, y compris les clients, les employés, les investisseurs, et la société civile, pour comprendre leurs préoccupations et répondre à leurs attentes.

Cela peut inclure la consultation des parties prenantes lors du développement de nouvelles technologies, la création de comités consultatifs éthiques, et l'organisation de forums de discussion pour recueillir des commentaires. L'engagement des parties prenantes permet aux entreprises de prendre des décisions plus éclairées et de renforcer leur légitimité.

L'éthique et la responsabilité digitale sont des composantes essentielles de la transformation digitale. Les entreprises doivent aller au-delà de la simple conformité réglementaire et adopter des pratiques éthiques qui respectent les droits des individus, protègent l'environnement, et contribuent à une société plus équitable.

En adoptant une approche proactive en matière de protection de la vie privée, d'équité des algorithmes, de responsabilité sociale des entreprises, et de transparence, les entreprises peuvent non seulement minimiser les risques, mais aussi renforcer leur réputation, fidéliser leurs clients, et créer de la valeur à long terme. La transformation digitale doit être guidée par des principes éthiques solides qui placent les individus et la société au cœur de l'innovation technologique.

Chapitre 9 : La Digitalisation dans les Secteurs Public et Privé

9.1. Digitalisation du Secteur Privé

La digitalisation du secteur privé est un moteur essentiel de l'innovation, de la compétitivité et de la croissance économique. Les entreprises privées, quelle que soit leur taille ou leur secteur d'activité, investissent massivement dans les technologies numériques pour améliorer leur efficacité opérationnelle, offrir de nouvelles expériences client, et développer de nouveaux modèles économiques. Cette section explore les spécificités de la digitalisation dans le secteur privé, en mettant en lumière des exemples concrets d'entreprises qui ont réussi leur transformation digitale et les leçons que l'on peut en tirer.

Spécificités de la Digitalisation dans les Entreprises Privées

La digitalisation dans le secteur privé se distingue par sa capacité à s'adapter rapidement aux évolutions technologiques et aux demandes du marché. Contrairement au secteur public, où les processus de décision peuvent être plus longs et plus complexes, les entreprises privées ont souvent la flexibilité nécessaire pour innover rapidement et réagir aux changements de l'environnement économique.

1. Adoption des Technologies de Pointe

L'une des spécificités de la digitalisation dans le secteur privé est l'adoption rapide des technologies de pointe. Les entreprises privées cherchent constamment à exploiter les nouvelles technologies pour améliorer leurs processus, réduire leurs coûts, et offrir des produits et services innovants à leurs clients.

Intelligence Artificielle et Automatisation

L'intelligence artificielle (IA) et l'automatisation sont au cœur de la transformation digitale dans le secteur privé. Les entreprises utilisent l'IA pour automatiser des tâches répétitives, analyser des volumes massifs de données, et prendre des décisions plus éclairées. Par exemple, les entreprises de commerce en ligne utilisent des algorithmes d'IA pour personnaliser les recommandations de produits, optimiser les prix en temps réel, et améliorer la gestion des stocks.

De plus, l'automatisation des processus, notamment via l'automatisation robotisée des processus (RPA), permet aux entreprises d'augmenter leur efficacité opérationnelle. Dans les secteurs comme la finance, la logistique, et la fabrication, l'automatisation réduit les erreurs humaines, accélère les processus et libère du temps pour les employés, leur permettant de se concentrer sur des tâches à plus forte valeur ajoutée.

Big Data et Analyse Prédictive

Le Big Data joue un rôle crucial dans la transformation digitale des entreprises privées. En collectant et en analysant des données provenant de diverses sources, les entreprises peuvent obtenir des insights précieux sur les tendances du marché, les comportements des clients, et les performances internes. L'analyse prédictive, qui utilise des algorithmes pour anticiper les résultats futurs basés sur des données historiques, est particulièrement utile pour la prise de décision stratégique.

Par exemple, dans le secteur de la vente au détail, les entreprises utilisent le Big Data pour analyser les comportements d'achat des clients, prévoir la demande de produits, et optimiser les chaînes d'approvisionnement. Dans le secteur des services financiers, les institutions utilisent l'analyse prédictive pour évaluer les risques de crédit, détecter les fraudes, et personnaliser les offres de produits financiers.

Internet des Objets (IoT) et Usines Connectées

L'Internet des Objets (IoT) transforme également le secteur privé, en particulier dans l'industrie manufacturière. Les usines connectées, ou "usines intelligentes", utilisent des capteurs IoT pour surveiller en temps réel les machines, les processus de production, et les conditions environnementales. Ces données sont ensuite analysées pour optimiser la production, prévenir les pannes, et améliorer la qualité des produits.

Par exemple, les entreprises de fabrication utilisent des capteurs IoT pour surveiller les vibrations, la température, et l'usure des équipements. Ces données permettent de prédire les défaillances avant qu'elles ne surviennent, réduisant ainsi les temps d'arrêt et les coûts de maintenance. L'IoT permet également de suivre les produits tout au long de la chaîne d'approvisionnement, améliorant ainsi la traçabilité et la gestion des stocks.

2. Transformation des Modèles Économiques

La digitalisation permet également aux entreprises privées de réinventer leurs modèles économiques. Les entreprises adoptent de nouveaux modèles basés sur les plateformes numériques, les abonnements, et les services à la demande, qui offrent des sources de revenus récurrentes et une meilleure fidélisation des clients.

Modèles Basés sur les Plateformes

Les plateformes numériques sont devenues un modèle économique dominant dans de nombreux secteurs, notamment le commerce électronique, la mobilité, et l'hébergement. Ces plateformes connectent les fournisseurs et les consommateurs, facilitant les transactions et offrant une grande variété de choix aux utilisateurs.

Par exemple, Amazon a transformé le commerce de détail en créant une plateforme qui permet aux vendeurs du monde entier de proposer leurs produits à des millions de clients. De même, Uber a révolutionné le secteur du transport en créant une plateforme qui met en relation des conducteurs indépendants avec des passagers à la demande.

Modèles d'Abonnement

Les modèles d'abonnement sont de plus en plus populaires dans le secteur privé, en particulier dans les domaines du divertissement, du logiciel, et des services numériques. Ces modèles offrent aux entreprises des revenus récurrents et une meilleure visibilité sur la demande future.

Par exemple, Netflix a adopté un modèle d'abonnement qui permet aux utilisateurs d'accéder à une vaste bibliothèque de contenus en streaming moyennant un paiement mensuel. De même, des entreprises comme Adobe et Microsoft ont migré vers des modèles d'abonnement pour leurs logiciels, offrant des mises à jour régulières et un accès continu aux nouvelles fonctionnalités.

Services à la Demande

Les services à la demande sont un autre modèle économique rendu possible par la digitalisation. Ce modèle permet aux entreprises de fournir des produits ou des services instantanément, en réponse aux besoins immédiats des clients.

Par exemple, les services de livraison de nourriture comme Uber Eats et Deliveroo permettent aux clients de commander des repas en ligne et de les recevoir en quelques minutes. De même, des entreprises comme Airbnb permettent aux utilisateurs de réserver des logements à la demande, en fonction de leurs préférences de voyage.

3. Expériences Client Personnalisées

La personnalisation est un autre aspect clé de la digitalisation dans le secteur privé. Les entreprises utilisent les données des clients pour offrir des expériences personnalisées, adaptées aux préférences et aux comportements individuels.

Personnalisation des Produits et Services

Les entreprises privées utilisent les données des clients pour personnaliser leurs offres de produits et services. Par exemple, les détaillants en ligne utilisent les historiques d'achat et les comportements de navigation pour recommander des produits qui correspondent aux préférences des clients. De même, les entreprises de streaming musical, comme Spotify, utilisent les données d'écoute pour créer des playlists personnalisées et recommander de nouvelles chansons.

La personnalisation des produits va au-delà des simples recommandations. Certaines entreprises offrent également des produits sur mesure, où les clients peuvent choisir les caractéristiques spécifiques de leurs produits, comme la couleur, la taille, et les fonctionnalités. Par exemple, Nike propose une plateforme en ligne qui permet aux clients de concevoir leurs propres chaussures en personnalisant les couleurs, les matériaux, et les motifs.

Marketing Digital et Publicité Ciblée

Le marketing digital joue un rôle central dans la création d'expériences client personnalisées. Les entreprises utilisent des techniques de publicité ciblée pour atteindre les consommateurs avec des messages publicitaires pertinents en fonction de leurs intérêts, de leur localisation, et de leurs comportements en ligne.

Par exemple, les plateformes de publicité en ligne comme Google Ads et Facebook Ads permettent aux entreprises de cibler des audiences spécifiques en fonction de critères démographiques, comportementaux, et géographiques. Cela permet d'améliorer l'efficacité des campagnes publicitaires en atteignant les bons consommateurs avec les bons messages au bon moment.

4. Gestion de la Relation Client (CRM)

La gestion de la relation client (CRM) est un autre domaine où la digitalisation a un impact significatif. Les entreprises privées investissent dans des systèmes CRM pour améliorer la gestion des interactions avec les clients, automatiser les processus de vente et de marketing, et offrir un service client plus personnalisé.

Systèmes CRM et Automatisation des Ventes

Les systèmes CRM permettent aux entreprises de centraliser et d'automatiser la gestion des données clients, y compris les historiques d'achat, les interactions passées, et les préférences individuelles. Cela permet aux équipes de vente de mieux comprendre les besoins des clients et de personnaliser leurs interactions pour améliorer les chances de conversion.

Par exemple, Salesforce, l'un des leaders du marché des CRM, offre une plateforme qui permet aux entreprises de gérer l'ensemble du cycle de vie des clients, de la prospection à la fidélisation. Les outils d'automatisation des ventes intégrés au CRM permettent de suivre les leads, de gérer les opportunités, et de générer des rapports de performance en temps réel.

Service Client Amélioré

La digitalisation permet également d'améliorer le service client en offrant des canaux de communication plus diversifiés et en automatisant les réponses aux demandes courantes. Par exemple, les entreprises utilisent des chatbots pour répondre instantanément aux questions des clients sur leur site web ou leur application mobile. Ces chatbots sont capables de traiter des demandes simples, telles que le suivi des commandes ou la modification des réservations, libérant ainsi du temps pour les agents humains qui peuvent se concentrer sur les cas plus complexes.

De plus, les systèmes CRM permettent de suivre l'historique des interactions des clients avec l'entreprise, ce qui aide les agents du service client à fournir des réponses plus rapides et plus pertinentes. Par exemple, si un client a déjà signalé un problème, l'agent peut accéder à l'historique et offrir une assistance plus personnalisée en tenant compte des interactions précédentes.

Exemples de Réussites en Digitalisation dans le Secteur Privé

1. Amazon - La Réinvention du Commerce de Détail

Amazon est l'un des exemples les plus emblématiques de la réussite de la transformation digitale dans le secteur privé. Fondée en 1994 comme librairie en ligne, Amazon est devenue le plus grand détaillant en ligne du monde, offrant une vaste gamme de produits et de services numériques.

Stratégie Digitale d'Amazon

Amazon a révolutionné le commerce de détail en adoptant une approche axée sur les données et en utilisant des technologies numériques pour améliorer chaque aspect de l'expérience client. L'entreprise a investi massivement dans des infrastructures de cloud computing, des systèmes d'intelligence artificielle, et des plateformes logistiques pour offrir des services tels que la livraison en un jour, les recommandations personnalisées, et le streaming de contenu.

Amazon a également diversifié ses activités en lançant des services tels qu'Amazon Web Services (AWS), qui est devenu le leader mondial du cloud computing, et Amazon Prime, un programme d'abonnement qui offre des avantages tels que la livraison gratuite, le streaming de films et de séries, et l'accès anticipé aux offres spéciales.

Résultats et Impact

Grâce à sa stratégie digitale, Amazon a non seulement dominé le commerce en ligne, mais a également redéfini les attentes des consommateurs en matière de rapidité, de commodité, et de personnalisation. Aujourd'hui, Amazon est l'une des entreprises les plus précieuses au monde, avec des millions de clients fidèles et une présence dans des centaines de pays.

Leçons Tirées

L'expérience d'Amazon montre l'importance d'une vision à long terme et de l'investissement continu dans les technologies numériques pour réussir dans le secteur privé. La capacité d'Amazon à exploiter les données, à automatiser les processus, et à offrir des expériences client personnalisées a été un facteur clé de son succès.

2. Tesla - L'Innovation dans l'Industrie Automobile

Tesla, fondée en 2003 par Elon Musk, est un autre exemple de réussite dans la digitalisation du secteur privé. Tesla a bouleversé l'industrie automobile en introduisant des véhicules électriques innovants dotés de technologies avancées, telles que l'autopilotage et les mises à jour logicielles à distance.

Stratégie Digitale de Tesla

Tesla a adopté une approche centrée sur la technologie pour concevoir et produire ses véhicules. L'entreprise a intégré des technologies numériques dans chaque aspect de ses voitures, des batteries électriques aux systèmes de conduite autonome, en passant par les interfaces utilisateur.

Un des aspects les plus innovants de la stratégie de Tesla est l'utilisation de mises à jour logicielles à distance pour améliorer les performances et ajouter de nouvelles fonctionnalités aux véhicules, même après leur achat. Cette approche permet à Tesla de maintenir ses véhicules à jour avec les dernières technologies, sans que les propriétaires aient besoin de se rendre en concession.

Tesla a également créé un écosystème numérique qui intègre ses véhicules avec des applications mobiles, des systèmes de recharge, et des solutions de gestion de l'énergie, offrant une expérience utilisateur complète et cohérente.

Résultats et Impact

Tesla est aujourd'hui l'un des leaders mondiaux de l'industrie automobile, avec une valorisation boursière qui dépasse celle des constructeurs traditionnels. Les véhicules Tesla sont non seulement prisés pour leur performance et leur design, mais aussi pour leur technologie de pointe et leur capacité à évoluer grâce aux mises à jour logicielles.

Leçons Tirées

L'expérience de Tesla montre l'importance de l'innovation technologique dans la transformation digitale. En intégrant les technologies numériques dans ses produits et en adoptant un modèle économique basé sur les mises à jour logicielles, Tesla a réussi à se démarquer dans une industrie hautement concurrentielle.

3. Zara - La Digitalisation dans le Secteur de la Mode

Zara, la célèbre marque de mode espagnole, est un exemple de réussite dans la digitalisation du secteur de la mode. En intégrant les technologies numériques dans ses processus de production et de distribution, Zara a réussi à créer un modèle de "fast fashion" qui lui permet de répondre rapidement aux tendances du marché.

Stratégie Digitale de Zara

Zara a adopté une stratégie de production et de distribution axée sur la rapidité et la flexibilité. L'entreprise utilise des systèmes de gestion des stocks en temps réel, des analyses prédictives, et des technologies de fabrication avancées pour réduire les délais de production et mettre les nouveaux produits en rayon en quelques semaines seulement.

Zara a également investi dans le commerce électronique, en développant une plateforme en ligne qui permet aux clients d'acheter des produits directement depuis leur site web ou leur application mobile. Cette plateforme est intégrée aux magasins physiques de Zara, offrant une expérience omnicanal où les clients peuvent commander en ligne et récupérer en magasin, ou vice versa.

Résultats et Impact

Grâce à sa stratégie digitale, Zara est devenue l'une des marques de mode les plus prospères au monde, avec des millions de clients dans plus de 90 pays. La capacité de Zara à réagir rapidement aux tendances du marché et à offrir une expérience client fluide lui a permis de rester compétitive dans un secteur en constante évolution.

Leçons Tirées

L'expérience de Zara montre l'importance de la rapidité et de la flexibilité dans la digitalisation. En intégrant les technologies numériques dans ses processus de production et de distribution, Zara a réussi à créer un modèle économique agile qui lui permet de répondre aux besoins changeants des consommateurs.

9.2. Digitalisation du Secteur Public

La digitalisation du secteur public est un enjeu crucial pour les gouvernements du monde entier. Elle permet non seulement d'améliorer l'efficacité des services publics, mais aussi de renforcer la transparence, de faciliter l'accès aux services pour les citoyens, et de stimuler l'innovation dans la gestion des ressources publiques. Cependant, la transformation digitale du secteur public présente également des défis uniques, tels que la complexité des systèmes hérités, les contraintes budgétaires, et la nécessité de respecter des cadres réglementaires stricts. Cette section explore les défis et les opportunités de la digitalisation dans le secteur public, ainsi que des études de cas de gouvernements ayant réussi leur transformation digitale.

Défis de la Digitalisation dans le Secteur Public

La transformation digitale dans le secteur public est souvent plus complexe que dans le secteur privé, en raison de la nature des services publics, des attentes des citoyens, et des structures organisationnelles des administrations publiques. Plusieurs défis doivent être relevés pour réussir cette transformation.

1. Systèmes Hérités et Intégration Technologique

L'un des principaux défis de la digitalisation dans le secteur public est la gestion des systèmes hérités. De nombreuses administrations publiques utilisent des systèmes informatiques anciens, qui ont été développés il y a plusieurs décennies et qui ne sont plus adaptés aux technologies modernes. Ces systèmes sont souvent fragmentés, incompatibles entre eux, et coûteux à maintenir.

Problème de Fragmentation

Les systèmes hérités dans le secteur public sont souvent fragmentés, ce qui signifie que différentes agences ou départements utilisent des systèmes distincts qui ne communiquent pas entre eux. Cela entraîne des inefficacités, des doublons de données, et des difficultés pour partager les informations entre les différentes parties prenantes.

Complexité de l'Intégration

L'intégration de nouvelles technologies dans ces systèmes hérités est un défi majeur. Les administrations publiques doivent trouver des moyens de moderniser leurs infrastructures technologiques sans perturber les services essentiels. Cela peut nécessiter la création de passerelles pour connecter les anciens systèmes aux nouvelles plateformes numériques, ainsi que la formation des employés pour utiliser ces nouvelles technologies.

2. Contraintes Budgétaires et Ressources Limitées

Les administrations publiques sont souvent confrontées à des contraintes budgétaires, ce qui peut limiter leur capacité à investir dans des projets de transformation digitale. Les ressources limitées en termes de financement, de personnel qualifié, et de temps peuvent ralentir la mise en œuvre des initiatives digitales.

Priorisation des Projets

Les administrations publiques doivent souvent prioriser les projets de transformation digitale en fonction de leur impact potentiel et de la disponibilité des ressources. Cela peut signifier qu'elles doivent faire des choix difficiles entre différents projets, en tenant compte des besoins des citoyens, des exigences réglementaires, et des contraintes financières.

Partenariats Public-Privé

Pour surmonter ces contraintes budgétaires, de nombreuses administrations publiques se tournent vers des partenariats public-privé (PPP) pour financer et mettre en œuvre leurs projets de transformation digitale. Ces partenariats permettent aux gouvernements de bénéficier de l'expertise et des ressources du secteur privé tout en partageant les risques et les coûts associés à la transformation digitale.

3. Résistance au Changement et Gestion du Changement

Comme dans le secteur privé, la résistance au changement est un défi majeur dans la digitalisation du secteur public. Les employés des administrations publiques peuvent être réticents à adopter de nouvelles technologies en raison de la peur de l'inconnu, du manque de formation, ou de la crainte de perdre leur emploi.

Gestion du Changement

La gestion du changement est essentielle pour surmonter cette résistance. Les administrations publiques doivent mettre en place des programmes de formation pour aider les employés à acquérir les compétences nécessaires pour travailler avec les nouvelles technologies. Elles doivent également communiquer clairement sur les avantages de la transformation digitale et impliquer les employés dans le processus de changement.

Implication des Parties Prenantes

L'implication des parties prenantes, y compris les citoyens, les employés, et les partenaires du secteur privé, est également cruciale pour réussir la transformation digitale. Les administrations publiques doivent s'assurer que toutes les parties prenantes

comprennent les objectifs de la transformation digitale et sont
prêtes à contribuer à sa mise en œuvre.

4. Respect des Cadres Réglementaires et Sécurité

Le respect des cadres réglementaires et la sécurité des données sont
des préoccupations majeures dans la digitalisation du secteur
public. Les administrations publiques doivent se conformer à des
réglementations strictes en matière de protection des données, de
confidentialité, et de sécurité, tout en veillant à ce que leurs
systèmes numériques soient à l'abri des cyberattaques.

Réglementations et Conformité

Les administrations publiques sont soumises à un ensemble
complexe de lois et de réglementations qui varient selon les
juridictions. Cela inclut des exigences en matière de protection des
données, de transparence, et de gestion des informations publiques.
Les gouvernements doivent s'assurer que leurs initiatives de
transformation digitale respectent ces réglementations et qu'elles
sont conformes aux normes internationales.

Cybersécurité dans le Secteur Public

La cybersécurité est un enjeu critique dans le secteur public, en
raison de la nature sensible des données traitées par les
administrations publiques. Les gouvernements doivent mettre en
place des mesures de sécurité robustes pour protéger les données
des citoyens, prévenir les cyberattaques, et garantir la résilience de
leurs infrastructures numériques. Cela peut inclure l'utilisation de
technologies de cryptage, la formation des employés à la
cybersécurité, et la mise en place de protocoles de réponse aux
incidents.

Opportunités de la Digitalisation dans le Secteur Public

Malgré ces défis, la digitalisation offre des opportunités
considérables pour améliorer les services publics, renforcer la

transparence, et stimuler l'innovation. Voici quelques-unes des principales opportunités de la digitalisation dans le secteur public.

1. Amélioration des Services aux Citoyens

La digitalisation permet aux administrations publiques d'améliorer les services aux citoyens en rendant les services publics plus accessibles, plus efficaces, et plus transparents.

Accès en Ligne aux Services Publics

L'une des principales opportunités de la digitalisation est la possibilité pour les citoyens d'accéder aux services publics en ligne, à tout moment et depuis n'importe quel endroit. Les administrations publiques peuvent mettre en place des portails en ligne où les citoyens peuvent effectuer des démarches administratives, comme la demande de documents officiels, le paiement des impôts, ou l'inscription à des programmes sociaux, sans avoir à se rendre physiquement dans un bureau.

Simplification des Procédures Administratives

La digitalisation permet également de simplifier les procédures administratives en automatisant les processus et en réduisant la paperasse. Par exemple, les systèmes de gestion des documents électroniques peuvent automatiser le traitement des demandes et des formulaires, réduisant ainsi les délais de traitement et les erreurs humaines.

Transparence et Participation Citoyenne

La digitalisation peut renforcer la transparence des administrations publiques en rendant les informations publiques plus facilement accessibles aux citoyens. Par exemple, les plateformes de données ouvertes permettent aux citoyens d'accéder à des informations sur les budgets publics, les projets gouvernementaux, et les performances des services publics.

La digitalisation peut également favoriser la participation citoyenne en permettant aux citoyens de participer à la prise de décision publique via des plateformes en ligne. Par exemple, les plateformes de consultation publique en ligne permettent aux citoyens de donner leur avis sur des projets de loi, des politiques publiques, ou des projets d'infrastructure.

2. Optimisation de la Gestion des Ressources Publiques

La digitalisation offre aux administrations publiques des outils puissants pour optimiser la gestion des ressources publiques, en améliorant l'efficacité des processus internes, en réduisant les coûts, et en maximisant l'utilisation des ressources.

Gestion des Données et Analyse Prédictive

La gestion des données et l'analyse prédictive sont des outils clés pour optimiser la gestion des ressources publiques. En collectant et en analysant des données en temps réel, les administrations publiques peuvent prendre des décisions plus éclairées sur l'allocation des ressources, la planification des infrastructures, et la gestion des services publics.

Par exemple, les villes intelligentes utilisent des capteurs IoT pour collecter des données sur la circulation, la consommation d'énergie, et la qualité de l'air, permettant aux autorités locales de prendre des mesures pour améliorer la gestion du trafic, réduire la consommation d'énergie, et améliorer la qualité de vie des citoyens.

Automatisation des Processus

L'automatisation des processus est une autre opportunité clé de la digitalisation dans le secteur public. Les administrations publiques peuvent automatiser des tâches répétitives, telles que la gestion des dossiers, la comptabilité, et la paie, libérant ainsi du temps pour les employés qui peuvent se concentrer sur des tâches plus stratégiques.

Par exemple, les systèmes de gestion des finances publiques automatisent le suivi des dépenses, la gestion des budgets, et la production de rapports financiers, permettant aux administrations publiques de mieux contrôler leurs finances et de réduire les risques d'erreurs et de fraudes.

3. Renforcement de la Sécurité et de la Résilience

La digitalisation permet aux administrations publiques de renforcer la sécurité et la résilience de leurs infrastructures, en se préparant aux menaces émergentes et en garantissant la continuité des services publics.

Sécurité des Infrastructures Critiques

La protection des infrastructures critiques, telles que les réseaux d'énergie, de transport, et de communication, est une priorité pour les administrations publiques. La digitalisation permet de renforcer la sécurité de ces infrastructures en utilisant des technologies avancées de surveillance, de détection des intrusions, et de gestion des incidents.

Par exemple, les systèmes de gestion de la cybersécurité dans les infrastructures critiques peuvent surveiller en temps réel les activités suspectes, identifier les menaces potentielles, et déclencher des alertes pour permettre une réponse rapide. Ces systèmes peuvent également intégrer des capacités d'intelligence artificielle pour anticiper les attaques et améliorer la résilience des infrastructures.

Continuité des Services Publics

La continuité des services publics est essentielle pour garantir que les citoyens aient accès aux services dont ils dépendent, même en cas de crise ou de catastrophe. La digitalisation permet aux administrations publiques de mettre en place des plans de continuité des opérations (PCO) qui garantissent la disponibilité des services critiques en cas d'urgence.

Par exemple, les administrations publiques peuvent utiliser des solutions de cloud computing pour garantir la redondance des systèmes et la récupération des données en cas de panne. Elles peuvent également mettre en place des centres de données de secours et des systèmes de communication d'urgence pour assurer la continuité des services publics en cas de perturbation.

Études de Cas de Réussites en Digitalisation dans le Secteur Public

1. Estonie - Le Modèle de la Société Digitale

L'Estonie est largement reconnue comme l'un des leaders mondiaux en matière de digitalisation du secteur public. Depuis son indépendance en 1991, l'Estonie a fait de la transformation digitale une priorité nationale, avec pour objectif de créer une société numérique où les services publics sont accessibles en ligne, sécurisés, et efficaces.

Stratégie Digitale de l'Estonie

L'Estonie a développé une infrastructure numérique robuste, appelée X-Road, qui permet aux différentes agences gouvernementales de partager des données en toute sécurité et de fournir des services en ligne aux citoyens. Cette plateforme permet aux citoyens d'accéder à une large gamme de services publics, tels que l'inscription des entreprises, la déclaration des impôts, et la gestion des soins de santé, à partir d'un seul portail en ligne.

L'Estonie a également introduit une carte d'identité numérique, qui permet aux citoyens de s'authentifier en ligne, de signer des documents électroniquement, et d'accéder aux services publics en toute sécurité. Cette carte d'identité numérique est au cœur de la stratégie digitale de l'Estonie, en offrant une solution de sécurité fiable et pratique pour les interactions en ligne.

Résultats et Impact

Grâce à sa stratégie digitale, l'Estonie est devenue un modèle de société numérique, où les services publics sont accessibles en ligne, sécurisés, et efficaces. Les citoyens estoniens bénéficient d'une administration publique transparente, rapide, et conviviale, où la plupart des démarches administratives peuvent être effectuées en ligne en quelques minutes.

L'Estonie est également devenue un leader en matière de cybersécurité, en développant des capacités avancées pour protéger ses infrastructures numériques contre les cybermenaces. Le modèle estonien de société digitale a servi d'inspiration pour de nombreux autres pays qui cherchent à moderniser leurs services publics.

Leçons Tirées

L'expérience de l'Estonie montre que la transformation digitale dans le secteur public nécessite une vision claire, un engagement à long terme, et une infrastructure numérique robuste. En investissant dans des solutions innovantes, telles que la carte d'identité numérique et la plateforme X-Road, l'Estonie a réussi à créer une société numérique où les services publics sont accessibles, sécurisés, et efficaces.

2. Singapour - La Ville Intelligente et Connectée

Singapour est un autre exemple de réussite en matière de digitalisation du secteur public. En tant que l'une des villes les plus connectées au monde, Singapour a mis en place une stratégie de ville intelligente qui intègre les technologies numériques dans tous les aspects de la vie urbaine, de la gestion des transports à la santé publique.

Stratégie de Ville Intelligente de Singapour

Le gouvernement de Singapour a lancé le programme "Smart Nation" en 2014, avec pour objectif de faire de Singapour une nation intelligente où les technologies numériques améliorent la qualité de vie des citoyens et renforcent l'efficacité des services publics.

L'une des initiatives phares de ce programme est l'intégration des technologies IoT dans la gestion des infrastructures urbaines. Par exemple, Singapour a mis en place un système de gestion du trafic intelligent qui utilise des capteurs pour surveiller la circulation en temps réel et optimiser les feux de signalisation. Le système est également capable de prédire les embouteillages et de recommander des itinéraires alternatifs aux conducteurs.

Singapour a également développé un système de soins de santé numérique qui permet aux citoyens d'accéder à leurs dossiers médicaux en ligne, de prendre rendez-vous avec des médecins, et de recevoir des consultations à distance via des plateformes de télémédecine.

Résultats et Impact

Grâce à sa stratégie de ville intelligente, Singapour est devenue l'une des villes les plus avancées au monde en matière de gestion urbaine et de qualité de vie. Les citoyens bénéficient d'un accès rapide et facile aux services publics, d'une gestion optimisée des infrastructures, et d'un système de soins de santé connecté et efficace.

Singapour a également renforcé sa position de leader mondial en matière d'innovation technologique, en attirant des investissements dans les secteurs de la technologie, de l'IA, et de l'IoT. Le succès de la stratégie "Smart Nation" a permis à Singapour de devenir un modèle pour d'autres villes qui cherchent à adopter des technologies intelligentes pour améliorer la vie urbaine.

Leçons Tirées

L'expérience de Singapour montre que la transformation digitale dans le secteur public peut avoir un impact significatif sur la qualité de vie des citoyens et sur l'efficacité des services publics. En intégrant les technologies numériques dans la gestion des infrastructures urbaines et des services publics, Singapour a réussi à créer une ville intelligente et connectée où les citoyens bénéficient de services publics de haute qualité.

La digitalisation dans le secteur public est un processus complexe qui nécessite de surmonter des défis importants, tels que la gestion des systèmes hérités, les contraintes budgétaires, la résistance au changement, et la conformité réglementaire. Cependant, les opportunités offertes par la digitalisation sont considérables, allant de l'amélioration des services aux citoyens à l'optimisation de la gestion des ressources publiques et au renforcement de la sécurité.

Les exemples de l'Estonie et de Singapour montrent que, lorsque les gouvernements adoptent une vision claire et investissent dans des technologies numériques innovantes, ils peuvent transformer leurs services publics et améliorer la vie de leurs citoyens. En adoptant une approche proactive et en impliquant toutes les parties prenantes, les administrations publiques peuvent réussir leur transformation digitale et créer des sociétés plus inclusives, plus transparentes, et plus efficaces.

Chapitre 10 : L'Avenir de la Digitalisation

10.1. Tendances Futures de la Digitalisation

La digitalisation continue de transformer les entreprises et les sociétés à une vitesse vertigineuse. Alors que nous avançons dans le XXIe siècle, de nouvelles technologies émergent, promettant de bouleverser encore davantage les modèles économiques, les modes de travail, et les interactions sociales. Cette section explore les tendances futures de la digitalisation, en mettant l'accent sur les innovations technologiques à l'horizon et leurs implications pour les entreprises publiques et privées.

1. Intelligence Artificielle (IA) et Apprentissage Automatique (Machine Learning)

L'intelligence artificielle (IA) et l'apprentissage automatique (machine learning) sont au cœur de la prochaine vague de digitalisation. Ces technologies continuent d'évoluer, offrant des possibilités presque illimitées pour l'automatisation, l'optimisation, et la personnalisation des services.

IA Générative et Automatisation Cognitive

L'une des tendances les plus prometteuses est l'émergence de l'IA générative, qui utilise des algorithmes avancés pour créer des contenus, tels que des textes, des images, et des vidéos, à partir de données brutes. Cette technologie ouvre la voie à des applications dans des domaines variés, allant de la création de contenu marketing à la génération de code informatique.

L'automatisation cognitive, qui combine l'IA et l'automatisation des processus, est également en plein essor. Cette technologie permet aux entreprises d'automatiser des tâches complexes qui nécessitaient autrefois une intervention humaine, comme l'analyse de données, la gestion des risques, et la prise de décision. L'automatisation cognitive peut transformer des secteurs entiers, tels que la finance, les ressources humaines, et le service client.

IA dans la Santé

L'IA transforme également le secteur de la santé, avec des applications allant du diagnostic médical à la médecine personnalisée. Les systèmes d'IA sont capables d'analyser des volumes massifs de données médicales pour identifier des modèles, recommander des traitements, et prédire des résultats. Par exemple, l'IA peut être utilisée pour analyser des images médicales, détecter des maladies à un stade précoce, et suggérer des plans de traitement optimisés pour chaque patient.

À l'avenir, l'IA pourrait jouer un rôle clé dans le développement de médicaments, la gestion des soins de santé, et la prévention des maladies. Les entreprises pharmaceutiques et les prestataires de soins de santé devront s'adapter à ces innovations pour rester compétitifs et améliorer les résultats pour les patients.

2. Blockchain et Technologies Décentralisées

La blockchain, une technologie de registre distribué qui permet de stocker des données de manière sécurisée et transparente, est une autre tendance majeure qui façonne l'avenir de la digitalisation. Initialement associée aux cryptomonnaies comme le Bitcoin, la blockchain trouve désormais des applications dans divers secteurs, de la finance à la logistique en passant par la gestion de la chaîne d'approvisionnement.

Contrats Intelligents et Finance Décentralisée (DeFi)

L'une des innovations les plus importantes alimentées par la blockchain est l'émergence des contrats intelligents, qui sont des programmes autonomes qui exécutent automatiquement des transactions lorsque des conditions prédéfinies sont remplies. Les contrats intelligents permettent d'automatiser des transactions complexes sans avoir besoin d'intermédiaires, réduisant ainsi les coûts et les délais.

La finance décentralisée (DeFi) est un autre domaine en pleine expansion, où les services financiers traditionnels, tels que les prêts, les assurances, et les échanges, sont recréés sur des plateformes décentralisées. DeFi permet aux utilisateurs de prêter, d'emprunter, et d'échanger des actifs numériques sans avoir besoin d'une institution financière centralisée.

Blockchain dans la Gestion de la Chaîne d'Approvisionnement

La blockchain offre également des solutions innovantes pour la gestion de la chaîne d'approvisionnement. En enregistrant chaque étape d'une transaction sur un registre distribué, la blockchain permet une traçabilité totale des produits, du producteur au consommateur. Cela est particulièrement utile pour les industries où la transparence et la certification sont essentielles, comme l'agroalimentaire, la mode, et les produits de luxe.

À l'avenir, la blockchain pourrait être utilisée pour créer des chaînes d'approvisionnement entièrement transparentes et éthiques, où chaque transaction est vérifiable et où les risques de fraude sont réduits. Les entreprises devront adopter ces technologies pour répondre aux attentes croissantes des consommateurs en matière de transparence et de durabilité.

3. Internet des Objets (IoT) et 5G

L'Internet des Objets (IoT) continue de se développer, avec des milliards de dispositifs connectés à travers le monde, transformant les maisons, les villes, et les industries en environnements intelligents et interconnectés. L'arrivée de la 5G, avec ses vitesses de connexion ultra-rapides et sa faible latence, accélère encore l'adoption de l'IoT et ouvre de nouvelles possibilités pour l'innovation.

IoT dans les Villes Intelligentes

Les villes intelligentes sont l'un des principaux bénéficiaires de l'IoT. En utilisant des capteurs IoT pour collecter des données en temps réel sur la circulation, la consommation d'énergie, et la gestion des déchets, les villes peuvent optimiser leurs infrastructures, réduire les coûts, et améliorer la qualité de vie des citoyens.

Par exemple, des capteurs IoT installés dans les systèmes de gestion du trafic peuvent ajuster les feux de signalisation en fonction de la densité du trafic, réduisant ainsi les embouteillages et les émissions de carbone. De même, les systèmes de gestion de l'énergie basés sur l'IoT peuvent surveiller la consommation d'énergie dans les bâtiments et ajuster les paramètres pour réduire la consommation et les coûts.

Industrie 4.0 et Usines Connectées

Dans le secteur industriel, l'IoT est au cœur de l'Industrie 4.0, où les usines connectées utilisent des dispositifs IoT pour surveiller les machines, les processus de production, et les conditions environnementales en temps réel. Cela permet d'améliorer l'efficacité, de réduire les temps d'arrêt, et d'optimiser la qualité des produits.

Avec l'extension de la 5G, les usines connectées pourront bénéficier de connexions ultra-rapides et fiables, permettant une automatisation accrue et une réactivité immédiate. Les entreprises industrielles devront adopter ces technologies pour rester compétitives et répondre aux exigences croissantes en matière de production flexible et personnalisée.

IoT dans les Soins de Santé

L'IoT joue également un rôle de plus en plus important dans les soins de santé. Les dispositifs médicaux connectés, tels que les moniteurs de santé portables, les glucomètres intelligents, et les pacemakers connectés, permettent aux patients et aux professionnels de la santé de surveiller en temps réel les paramètres de santé et de détecter rapidement les anomalies.

À l'avenir, l'IoT pourrait transformer la gestion des maladies chroniques, les soins à domicile, et la télémédecine, en permettant un suivi continu des patients et une intervention rapide en cas de besoin. Les prestataires de soins de santé devront s'adapter à ces nouvelles technologies pour offrir des soins plus personnalisés et plus efficaces.

4. Réalité Virtuelle (VR) et Réalité Augmentée (AR)

La réalité virtuelle (VR) et la réalité augmentée (AR) sont des technologies émergentes qui promettent de révolutionner de nombreux secteurs, de l'éducation au divertissement en passant par le commerce de détail et la formation professionnelle.

VR et AR dans l'Éducation

La VR et l'AR offrent de nouvelles possibilités pour l'éducation et la formation, en permettant aux étudiants d'apprendre dans des environnements immersifs et interactifs. Par exemple, les étudiants en médecine peuvent utiliser des simulations VR pour pratiquer des chirurgies complexes, tandis que les élèves du secondaire peuvent explorer des sites historiques à travers des expériences AR.

À l'avenir, la VR et l'AR pourraient transformer l'apprentissage en rendant l'éducation plus accessible, plus engageante, et plus personnalisée. Les institutions éducatives devront intégrer ces technologies dans leurs programmes pour offrir des expériences d'apprentissage enrichies et adaptées aux besoins des étudiants.

Commerce de Détail et Expériences Immersives

Dans le commerce de détail, la VR et l'AR offrent des opportunités pour créer des expériences d'achat immersives et personnalisées. Par exemple, les consommateurs peuvent utiliser des applications AR pour visualiser des meubles dans leur maison avant de les acheter, ou explorer des magasins virtuels en 3D via des casques VR.

Ces technologies permettent également aux détaillants de créer des expériences de marque uniques qui renforcent l'engagement des clients et stimulent les ventes. À l'avenir, la VR et l'AR pourraient devenir des outils essentiels pour le commerce de détail, offrant aux consommateurs des moyens innovants de découvrir et d'acheter des produits.

Formation Professionnelle et Simulations Immersives

La VR et l'AR sont également utilisées dans la formation professionnelle pour offrir des simulations immersives qui permettent aux employés de s'entraîner dans des environnements réalistes sans risque. Par exemple, les techniciens de maintenance peuvent utiliser des simulations VR pour pratiquer la réparation d'équipements complexes, tandis que les agents de sécurité peuvent s'entraîner à répondre à des situations d'urgence dans des simulations AR.

Ces technologies permettent aux entreprises de former leurs employés de manière plus efficace et plus sûre, en réduisant les coûts et en minimisant les risques. À l'avenir, la VR et l'AR pourraient jouer un rôle clé dans la formation continue et le développement des compétences, en offrant des expériences d'apprentissage immersives et adaptées aux besoins individuels.

5. Informatique Quantique

L'informatique quantique est une technologie émergente qui a le potentiel de révolutionner le calcul en résolvant des problèmes complexes bien au-delà des capacités des ordinateurs classiques. Bien que l'informatique quantique en soit encore à ses débuts, elle suscite un intérêt croissant dans des secteurs tels que la finance, la cryptographie, et la recherche scientifique.

Applications de l'Informatique Quantique

L'une des applications les plus prometteuses de l'informatique quantique est l'optimisation des systèmes complexes. Par exemple, les ordinateurs quantiques pourraient être utilisés pour optimiser les portefeuilles financiers, planifier les itinéraires de livraison, ou simuler des molécules pour le développement de nouveaux médicaments.

L'informatique quantique pourrait également transformer la cryptographie en permettant le développement de méthodes de cryptage inviolables, ainsi qu'en posant de nouveaux défis en matière de sécurité des données. Les entreprises devront surveiller de près les avancées dans ce domaine et se préparer à intégrer l'informatique quantique dans leurs opérations à mesure que la technologie mûrit.

Défis de l'Informatique Quantique

Malgré son potentiel, l'informatique quantique présente également des défis importants. La technologie est encore en phase de recherche et développement, et il reste de nombreux obstacles à surmonter avant qu'elle ne devienne commercialement viable. Les entreprises devront investir dans la recherche et la formation pour se préparer à l'avènement de l'informatique quantique et en tirer parti.

6. Technologies Vertes et Durables

La transition vers une économie plus durable est une tendance mondiale qui influence également la digitalisation. Les technologies numériques jouent un rôle clé dans la réduction de l'empreinte carbone, l'amélioration de l'efficacité énergétique, et la promotion des pratiques commerciales durables.

Énergie Verte et Gestion Intelligente de l'Énergie

Les technologies numériques permettent de mieux gérer la production et la consommation d'énergie, en intégrant des sources d'énergie renouvelable et en optimisant l'utilisation de l'énergie. Par exemple, les systèmes de gestion de l'énergie basés sur l'IA peuvent prédire la demande d'énergie et ajuster l'approvisionnement en conséquence, réduisant ainsi les gaspillages et les coûts.

Les entreprises du secteur de l'énergie adoptent également des technologies IoT pour surveiller les réseaux électriques et intégrer des sources d'énergie renouvelable, telles que l'énergie solaire et éolienne, dans le réseau. À l'avenir, les technologies numériques joueront un rôle de plus en plus important dans la transition vers une économie décarbonée et durable.

Économie Circulaire et Réduction des Déchets

L'économie circulaire, qui vise à réduire les déchets en réutilisant et en recyclant les ressources, est une autre tendance qui bénéficie des technologies numériques. Par exemple, les plateformes numériques peuvent faciliter la gestion des flux de déchets, optimiser le recyclage des matériaux, et encourager la réutilisation des produits.

Les entreprises devront adopter ces technologies pour répondre aux exigences croissantes en matière de durabilité et pour répondre aux attentes des consommateurs et des régulateurs en matière de responsabilité environnementale.

Implications pour les Entreprises Publiques et Privées

Les tendances futures de la digitalisation ont des implications profondes pour les entreprises publiques et privées. Celles-ci devront s'adapter aux nouvelles technologies, aux attentes changeantes des consommateurs, et aux défis émergents pour rester compétitives et pertinentes dans un monde en constante évolution.

Adaptation aux Nouvelles Technologies

Les entreprises devront surveiller de près les évolutions technologiques et être prêtes à adopter rapidement les innovations pertinentes pour leurs secteurs. Cela nécessitera des investissements continus dans la recherche et le développement, la formation des employés, et la modernisation des infrastructures.

Répondre aux Attentes des Consommateurs

Les consommateurs deviennent de plus en plus exigeants en matière de personnalisation, de transparence, et de durabilité. Les entreprises devront répondre à ces attentes en adoptant des technologies qui permettent de créer des expériences client personnalisées, de garantir la transparence des opérations, et de promouvoir des pratiques durables.

Gestion des Risques et Sécurité

À mesure que les technologies numériques deviennent plus omniprésentes, les entreprises devront également renforcer leur gestion des risques et leur sécurité. Cela inclut la protection des données, la cybersécurité, et la gestion des risques liés aux nouvelles technologies, telles que l'IA et la blockchain.

Les tendances futures de la digitalisation ouvrent la voie à des innovations qui transformeront profondément les entreprises et les sociétés. L'intelligence artificielle, la blockchain, l'IoT, la réalité virtuelle, l'informatique quantique, et les technologies vertes sont autant de forces qui façonneront l'avenir. Pour rester pertinentes, les entreprises devront être agiles, proactives, et prêtes à s'adapter à ces changements rapides. En investissant dans les technologies émergentes, en répondant aux attentes des consommateurs, et en renforçant leur sécurité, les entreprises publiques et privées peuvent non seulement survivre, mais prospérer dans un monde de plus en plus digitalisé.

10.2. Préparer l'Avenir : Comment Rester Pertinent

Dans un monde où les technologies évoluent rapidement et où les attentes des consommateurs sont en constante mutation, les entreprises publiques et privées doivent s'adapter pour rester pertinentes. La préparation à l'avenir nécessite une approche stratégique qui inclut l'adaptation aux nouvelles réalités, l'investissement dans la formation continue, et la mise en place de structures agiles capables de réagir aux changements du marché.

Cette section explore les stratégies clés pour rester pertinent à l'ère digitale et les éléments essentiels pour préparer l'avenir.

1. Anticiper les Évolutions Technologiques

L'une des clés pour rester pertinent est d'anticiper les évolutions technologiques et d'être prêt à les intégrer dans l'organisation. Les entreprises qui réussissent sont celles qui surveillent en permanence les tendances technologiques, identifient les innovations pertinentes pour leur secteur, et investissent dans les technologies qui peuvent leur donner un avantage concurrentiel.

Veille Technologique et Innovation Continue

La veille technologique est essentielle pour identifier les tendances émergentes et évaluer leur impact potentiel sur l'entreprise. Les entreprises doivent mettre en place des équipes dédiées à la veille technologique, qui analysent les innovations dans leur secteur et explorent comment ces technologies peuvent être adoptées pour améliorer les produits, les services, ou les processus.

En outre, l'innovation continue doit être au cœur de la stratégie d'une entreprise. Cela signifie investir dans la recherche et le développement (R&D), encourager la créativité et l'expérimentation, et être prêt à prendre des risques pour explorer de nouvelles idées. Les entreprises qui favorisent une culture d'innovation sont mieux préparées à saisir les opportunités offertes par les nouvelles technologies et à rester compétitives sur le marché.

Collaboration avec les Startups et les Partenaires Technologiques

Pour rester à la pointe de l'innovation, les entreprises doivent également envisager de collaborer avec des startups et des partenaires technologiques. Ces collaborations peuvent permettre d'accéder à des technologies de pointe, de bénéficier de nouvelles perspectives, et d'accélérer le développement de solutions innovantes.

Par exemple, de grandes entreprises peuvent investir dans des incubateurs de startups, créer des fonds d'investissement dédiés à l'innovation, ou nouer des partenariats stratégiques avec des entreprises technologiques pour co-développer de nouvelles solutions. Ces collaborations permettent de réduire les coûts et les risques liés à l'innovation, tout en offrant des avantages concurrentiels significatifs.

2. Adapter les Modèles Économiques et Organisationnels

À mesure que les technologies évoluent, les modèles économiques et organisationnels traditionnels peuvent devenir obsolètes. Les entreprises doivent être prêtes à adapter leur modèle d'affaires pour tirer parti des nouvelles opportunités offertes par la digitalisation, tout en assurant une gestion agile et efficace de leurs opérations.

Réinvention des Modèles Économiques

Les entreprises doivent continuellement évaluer et réinventer leur modèle économique pour s'adapter aux nouvelles réalités du marché. Cela peut impliquer l'exploration de nouveaux segments de marché, l'adoption de modèles d'abonnement, ou l'intégration de services numériques dans des offres traditionnelles.

Par exemple, des entreprises de fabrication peuvent passer d'un modèle de vente unique à un modèle de service, où elles facturent un abonnement pour la maintenance prédictive et la gestion des performances des équipements via des plateformes numériques. De même, des entreprises de commerce de détail peuvent adopter des modèles de commerce en ligne et de livraison à la demande pour répondre aux attentes des consommateurs modernes.

Agilité Organisationnelle et Culture de l'Adaptation

Pour réussir dans un environnement en évolution rapide, les entreprises doivent développer une agilité organisationnelle. Cela signifie être capable de réagir rapidement aux changements du marché, de prendre des décisions rapides, et d'adapter les processus et les structures en conséquence.

Une culture de l'adaptation est essentielle pour encourager cette agilité. Les entreprises doivent encourager la flexibilité, la collaboration interfonctionnelle, et l'expérimentation au sein de leur organisation. Cela inclut également la décentralisation de la prise de décision, permettant aux équipes de terrain de réagir rapidement aux besoins des clients et aux changements du marché.

Transformation Digitale et Intégration des Technologies

La transformation digitale doit être vue comme un processus continu plutôt qu'un projet ponctuel. Les entreprises doivent intégrer les technologies numériques dans tous les aspects de leur organisation, depuis la gestion des opérations jusqu'à l'expérience client. Cela nécessite une mise à jour régulière des systèmes, une amélioration continue des processus, et une adaptation constante aux nouvelles technologies.

3. Investir dans la Formation Continue et le Développement des Compétences

L'un des plus grands défis de la digitalisation est la nécessité de disposer d'une main-d'œuvre qualifiée, capable de maîtriser les nouvelles technologies et de s'adapter aux changements. Investir dans la formation continue et le développement des compétences est essentiel pour préparer l'avenir et assurer la compétitivité de l'entreprise.

Mise en Place de Programmes de Formation et de Requalification

Les entreprises doivent mettre en place des programmes de formation et de requalification pour aider leurs employés à acquérir les compétences nécessaires pour travailler avec les nouvelles technologies. Cela peut inclure la formation technique sur des outils spécifiques, ainsi que le développement de compétences en matière de gestion du changement, de créativité, et de résolution de problèmes.

Les programmes de formation doivent être accessibles à tous les employés, quel que soit leur niveau hiérarchique ou leur poste. Les entreprises peuvent également collaborer avec des institutions éducatives pour offrir des cours spécialisés, des certifications, et des programmes de développement professionnel qui répondent aux besoins spécifiques de leur secteur.

Encourager l'Apprentissage Continu et l'Adaptation

L'apprentissage continu doit être encouragé au sein de l'organisation. Les entreprises doivent promouvoir une culture où l'apprentissage est valorisé et où les employés sont incités à développer constamment leurs compétences. Cela peut inclure la mise en place de plateformes d'apprentissage en ligne, la création de communautés de pratique, et l'organisation de sessions de partage des connaissances.

L'adaptation est également cruciale. Les employés doivent être prêts à apprendre de nouvelles compétences, à s'adapter aux changements, et à relever de nouveaux défis. Les entreprises peuvent soutenir cette adaptation en offrant des opportunités de mobilité interne, en favorisant la rotation des postes, et en encourageant les initiatives d'auto-apprentissage.

4. Mettre l'Accent sur l'Expérience Client

À l'ère digitale, l'expérience client est devenue un facteur de différenciation clé. Les entreprises doivent mettre l'accent sur la création d'expériences client exceptionnelles et personnalisées, en utilisant les technologies numériques pour répondre aux besoins et aux attentes des consommateurs.

Personnalisation et Expérience Omnicanal

La personnalisation est essentielle pour offrir une expérience client unique et engageante. Les entreprises doivent utiliser les données des clients pour personnaliser les interactions, les recommandations de produits, et les offres. Cela nécessite l'intégration de systèmes de gestion de la relation client (CRM), de plateformes d'analyse des données, et de technologies d'intelligence artificielle.

L'expérience omnicanal est également un élément clé de la satisfaction client. Les entreprises doivent s'assurer que les clients peuvent interagir avec la marque de manière transparente, qu'ils soient en ligne, en magasin, ou via des applications mobiles. Cela inclut la cohérence des messages, la continuité des services, et la possibilité de passer d'un canal à l'autre sans friction.

Écoute Active et Engagement

Pour améliorer l'expérience client, les entreprises doivent adopter une approche d'écoute active, en recueillant constamment les commentaires des clients et en utilisant ces informations pour améliorer les produits et les services. Les enquêtes de satisfaction, les avis en ligne, et les interactions sur les réseaux sociaux sont autant de sources précieuses de feedback.

L'engagement des clients est également crucial pour renforcer la fidélité et la satisfaction. Les entreprises doivent créer des opportunités d'interaction avec les clients, que ce soit par le biais de programmes de fidélité, d'événements exclusifs, ou de campagnes de marketing interactif. L'engagement des clients permet de créer une relation de confiance et de renforcer le lien entre la marque et les consommateurs.

5. S'Engager dans la Responsabilité Sociale et la Durabilité

La responsabilité sociale et la durabilité sont des enjeux de plus en plus importants pour les entreprises, à mesure que les consommateurs, les investisseurs, et les régulateurs exigent des pratiques plus éthiques et respectueuses de l'environnement. S'engager dans la responsabilité sociale et la durabilité est non seulement bénéfique pour la planète et la société, mais cela peut aussi renforcer la réputation de l'entreprise et attirer de nouveaux clients.

Intégration des Pratiques Durables

Les entreprises doivent intégrer des pratiques durables dans toutes leurs opérations, de la production à la distribution en passant par la gestion des ressources. Cela peut inclure l'utilisation de matériaux recyclables, la réduction des émissions de carbone, l'amélioration de l'efficacité énergétique, et la gestion responsable des déchets.

L'intégration des pratiques durables peut également passer par l'innovation dans les produits et services. Par exemple, les entreprises peuvent développer des produits éco-responsables, offrir des services de réparation ou de recyclage, et encourager les consommateurs à adopter des comportements plus durables.

Responsabilité Sociale des Entreprises (RSE)

La responsabilité sociale des entreprises (RSE) est un autre aspect essentiel de la préparation à l'avenir. Les entreprises doivent s'engager à respecter les droits humains, à promouvoir l'équité sociale, et à soutenir les communautés locales. Cela peut inclure des initiatives de diversité et d'inclusion, des programmes de bénévolat, et des partenariats avec des organisations à but non lucratif.

La transparence est également cruciale dans les initiatives de RSE. Les entreprises doivent rendre compte de leurs actions et de leurs impacts, en publiant des rapports de durabilité et en communiquant de manière transparente sur leurs objectifs et leurs réalisations.

6. Se Préparer aux Risques et Renforcer la Résilience

Enfin, pour rester pertinent à l'ère digitale, les entreprises doivent se préparer aux risques et renforcer leur résilience. Cela inclut la gestion des risques liés aux nouvelles technologies, la préparation aux crises, et la capacité à rebondir rapidement après des perturbations.

Gestion des Risques Technologiques

Les nouvelles technologies apportent de nombreuses opportunités, mais elles comportent également des risques. Les entreprises doivent identifier et gérer ces risques de manière proactive, en mettant en place des stratégies de gestion des risques qui incluent la cybersécurité, la protection des données, et la conformité réglementaire.

Les entreprises doivent également se préparer à l'émergence de nouvelles menaces, telles que les cyberattaques sophistiquées, les violations de données, ou les perturbations des chaînes d'approvisionnement. La mise en place de protocoles de sécurité rigoureux, la formation des employés à la cybersécurité, et l'utilisation de technologies avancées de détection et de réponse sont essentielles pour atténuer ces risques.

Renforcer la Résilience Organisationnelle

La résilience organisationnelle est la capacité d'une entreprise à surmonter les crises et à se rétablir rapidement après des perturbations. Les entreprises doivent développer des plans de continuité des activités, renforcer leurs infrastructures critiques, et mettre en place des stratégies de communication d'urgence.

La résilience passe également par la flexibilité et l'agilité. Les entreprises doivent être prêtes à ajuster rapidement leurs opérations, à reconfigurer leurs chaînes d'approvisionnement, et à réorienter leurs stratégies en fonction des conditions changeantes. En renforçant leur résilience, les entreprises peuvent non seulement survivre aux crises, mais aussi en sortir plus fortes et plus compétitives.

Rester pertinent à l'ère digitale nécessite une approche proactive et stratégique. Les entreprises doivent anticiper les évolutions technologiques, adapter leurs modèles économiques et organisationnels, investir dans la formation continue, et mettre l'accent sur l'expérience client. Elles doivent également s'engager dans la responsabilité sociale et la durabilité, tout en se préparant aux risques et en renforçant leur résilience.

En adoptant ces stratégies, les entreprises publiques et privées peuvent non seulement s'adapter aux changements rapides du monde numérique, mais aussi saisir les opportunités qu'ils offrent pour innover, croître, et prospérer à long terme.

Conclusion

La digitalisation est bien plus qu'une simple adoption de nouvelles technologies ; c'est une transformation profonde qui redéfinit la manière dont les entreprises, les gouvernements, et les sociétés fonctionnent. Au cours de ce livre, nous avons exploré les nombreux aspects de cette transformation, des bases de la digitalisation à ses implications futures, en passant par les défis et les opportunités qu'elle présente.

Un Monde en Mutation

Nous vivons une époque de changements rapides et sans précédent. Les technologies numériques ont révolutionné des industries entières, modifié les attentes des consommateurs, et ouvert la voie à de nouveaux modèles économiques. Des concepts autrefois considérés comme de la science-fiction, tels que l'intelligence artificielle, l'Internet des Objets, et la blockchain, sont désormais des réalités qui façonnent le présent et l'avenir de nos sociétés.

Cependant, cette transformation digitale ne se fait pas sans défis. Les entreprises, tant publiques que privées, doivent naviguer dans un environnement complexe où la technologie évolue à une vitesse vertigineuse, où les régulations se multiplient, et où la concurrence est de plus en plus féroce. Pour rester compétitives, elles doivent non seulement adopter les nouvelles technologies, mais aussi repenser leurs modèles économiques, adapter leurs structures organisationnelles, et investir dans le développement des compétences.

Les Piliers de la Réussite dans la Digitalisation

Pour réussir dans un monde de plus en plus digitalisé, il est essentiel de se concentrer sur plusieurs piliers clés :

1. **Vision Stratégique** : La transformation digitale commence par une vision claire et ambitieuse. Les dirigeants doivent définir des objectifs à long terme, alignés sur les besoins de

l'entreprise et les attentes des clients, tout en tenant compte des tendances technologiques émergentes.

2. **Agilité et Innovation** : L'agilité organisationnelle et l'innovation continue sont cruciales pour s'adapter aux changements rapides du marché. Les entreprises doivent être prêtes à expérimenter, à prendre des risques, et à innover pour rester en tête.

3. **Formation Continue** : Le développement des compétences est un facteur clé de succès. Les entreprises doivent investir dans la formation continue de leurs employés pour s'assurer qu'ils sont prêts à relever les défis de la digitalisation et à tirer parti des nouvelles technologies.

4. **Expérience Client** : L'expérience client doit être au cœur de toute stratégie digitale. Les entreprises doivent offrir des expériences personnalisées et omnicanales, en utilisant les données pour anticiper et répondre aux besoins des clients de manière proactive.

5. **Responsabilité Sociale et Durabilité** : La digitalisation offre une opportunité unique de créer des entreprises plus durables et responsables. Les entreprises doivent intégrer la durabilité dans leurs opérations et s'engager dans des initiatives de responsabilité sociale pour répondre aux attentes croissantes des consommateurs et des régulateurs.

6. **Résilience et Gestion des Risques** : Dans un monde incertain, la résilience est essentielle. Les entreprises doivent se préparer aux crises, gérer les risques technologiques, et renforcer leurs capacités à se remettre rapidement des perturbations.

À l'ère digitale, l'inaction n'est pas une option. Les entreprises qui ne parviennent pas à s'adapter risquent de perdre leur pertinence et de voir leurs concurrents les dépasser. La transformation digitale est une opportunité pour repenser, réinventer et revitaliser les modèles économiques, tout en créant de la valeur pour les clients, les employés, et la société dans son ensemble.

Les gouvernements, de leur côté, doivent également jouer un rôle actif dans la promotion de la digitalisation. En investissant dans les infrastructures numériques, en soutenant l'innovation, et en assurant une réglementation équitable, les pouvoirs publics peuvent créer un environnement propice à la croissance et à la prospérité dans un monde digitalisé.

Il est temps pour les leaders de tous les secteurs de prendre les rênes de la transformation digitale. Cela implique de sortir des sentiers battus, d'accepter le changement, et de se lancer dans un voyage d'innovation et de croissance. Ceux qui embrasseront pleinement la digitalisation seront non seulement les leaders de demain, mais aussi les architectes d'un avenir meilleur.

La digitalisation offre des possibilités infinies, mais elle exige également une préparation minutieuse, une exécution rigoureuse, et un engagement à long terme. En adoptant les bonnes stratégies, en investissant dans les technologies et les compétences, et en mettant l'accent sur la durabilité et la responsabilité sociale, les entreprises et les gouvernements peuvent non seulement survivre, mais prospérer dans un monde digitalisé.

L'avenir est numérique, et il est rempli de promesses pour ceux qui sont prêts à relever les défis et à saisir les opportunités. En vous armant de la connaissance, de la vision, et de la détermination, vous pouvez devenir un acteur clé de cette transformation et contribuer à façonner un monde où la technologie et l'humanité coexistent en harmonie.

www.ingramcontent.com/pod-product-compliance
Lightning Source LLC
Chambersburg PA
CBHW071509140726
47997CB00005B/1912